Luz que no ves

PROYECTO DE DIOS PARA TRANSFORMAR VIDAS

Luz Clariza Pérez Vergara

ISBN: 9798416536015

Luz Clariza Pérez Vergara

DEDICATORIA

En eterna gratitud dedico este libro a la Santísima Trinidad, quienes guían cada paso que doy en mi vida.

A mis inolvidables padres e hija allá en el cielo.

A mis queridos: hijos, nietos, hermanos y demás familiares.

A mis amigos, colegas, compañeros Best Seller 7, Generación 8 y a todas las personas de buen corazón que me apoyaron de una u otra manera para hacer realidad éste maravilloso sueño.

Luz Clariza Pérez Vergara

Natural del distrito de Santo Domingo de la Capilla, provincia de Cutervo – Cajamarca Perú

ESTUDIOS:

PRIMARIOS:

INSTITUCIÓN EDUCATIVA N° 10349

SECUNDARIOS:

CEGECOM "AUGUSTO SALAZAR BONDY"

Actualmente: INSTITUCIÓN EDUCATIVA

SECUNDARIA "SANTO DOMINGO"

SUPERIORES:

"INSTITUTO SUPERIOR PEDAGOGICO

"VÍCTOR ANDRÉS BELAUNDE"- JAÉN

BACHILLER EN EDUCACIÓN

"UNIVERSIDAD NACIONAL DE CAJAMARCA"

MAESTRÍA EN ADMINISTRACIÓN DE LA EDUCACIÓN UNIVERSIDAD CÉSAR VALLEJO

ACTUAL DIRECTORA DE LA I.E. N° 16088

BOMBOCA – COLASAY - JAÉN

ENLACES DE CONTACTOS

Con Luz Clariza Pérez Vergara

Email:

perezvergaraluzclariza@gmail.com

Facebook:

Luz Clariza Pérez Vergara

AGRADECIMIENTOS

Agradezco en primer lugar a Dios, por ser mi guía para concretizar este maravilloso sueño; asimismo a mis inolvidables padres: Mario Pérez Rojas y Angélica Vergara Fernández. A mi hija María Consuelo García Pérez, quienes son mis ángeles que me acompañan desde el más allá.

A mis queridos hijos: Hamalith y Wilder; Arnol y Elina; Elmer Luis y Zully. así como a mis adorados nietos: Thiago y Haziel, con todo mi corazón les digo gracias, por darme su apoyo y cariño en esta etapa de mi vida.

A mi mentor: Francisco Navarro Lara, por su invitación a formar parte del taller "Best Seller 7 Generación 8"

A la líder del grupo PREMIUM Pilar Vidal, por brindarme en todo momento su ayuda incondicional.

A Jaime Aguilar Rafael y a Dilmer Vásquez Sánchez, por su apoyo en las TIC.

A Mayra Estefani Jiménez Núñez, por colaborar con las ilustraciones.

Al director de la I.E 16006 "Cristo Rey" y al profesor Eduardo Cajandilay Díaz, por colaborar en la revisión de este libro.

Mis agradecimientos a todos los compañeros del grupo PREMIUM, ELITE y GENERAL y demás colaboradores por aportar con sus conocimientos y experiencias en la realización de este importante trabajo.

CONTENIDO

INTRODUCCIÓN

"Luz que no ves" es un libro de fe, donde encontrarás varios aportes relevantes que te servirán como guía para transformar tu vida y la de tus seres queridos. En él encontrarás mensajes de fe, esperanza y sobre todo de iluminación espiritual, cuyo objetivo es llevar a todas las personas a encontrar la luz de Cristo, quién en su Palabra nos dice: "Yo soy la luz del mundo, quien me sigue no anda en tinieblas, sino que tendrá la luz de la vida" (Jn:8,12).

El enviado de Dios es el astro más poderoso y luminoso que existe en la humanidad que con sus potentes rayos de poder recibidos del Padre, sana y libera al ser humano de todo tipo de sufrimiento, dolor, tristeza y desesperación. A pesar de esto nos cuesta entender que, después de haber transcurrido 2000 años de la proclamación del evangelio, aún exista mucha gente que no conoce a Dios a pesar de haberse revelado al hombre a través de la creación (salmo 19:1), por medio de los profetas, por medio de los escritos y sobre todo por medio de su Hijo Jesucristo, a quien lo encontramos en la Sagrada Escritura, en la Eucaristía, en las vigilias, peregrinaciones, en la oración y más aún, cuando realizamos obras de caridad y para hacernos sentir su presencia Él mismo nos dice: "Yo estaré con ustedes todos los días, hasta el fin del mundo" (Mt: 28,16). Por ello, acerquémonos a Jesús con mucha fe. Él tiene sus brazos abiertos, dispuesto a recibirnos y a transformar nuestra vida según su proyecto.

Este libro también se identifica con la obra "Noche oscura del alma" del religioso San Juan de la Cruz, un sacerdote de la orden "Carmelitas descalzos", donde este autor nos muestra un camino místico lleno de angustia, tristeza, soledad y otros sufrimientos que atormenta al ser humano, hasta que el alma en su afán de búsqueda encuentra la luz que es guía, para su encuentro con Cristo.

En este libro de luz, hallarás testimonios, donde la autora narra las diversas circunstancias difíciles por la que atravesó a lo largo de su vida y que, gracias a esto, encontró a Jesucristo quien le curó en vivo y en directo, no solo en una ocasión sino en varias oportunidades y en maneras diferentes. Esto le ayudó a crecer en la fe, gracias a la continua oración, lectura de la Biblia, ayunos, vigilias, peregrinaciones, visitas al santuario "La Virgen María en Santa Gertrudis", así como la práctica de las obras de caridad entre otras.

El presente libro está dividido en seis capítulos, de los cuales te presentaré un breve resumen de cada uno de ellos:

El primer capítulo se titula: Dios nos habla a través de la biblia, siendo éste un libro de inspiración divina, ahí se encuentra la Palabra de Dios, invitándonos en cada una de sus palabras a la reflexión, acompañado de testimonios que encierran un gran misterio.

El segundo capítulo tiene por título: ¿Por qué es importante la Eucaristía? En este episodio notarás lo vital que es participar en la santa Eucaristía, ahí nos encontramos con el mismo Señor Jesucristo, dispuesto a alimentarnos con su Palabra Divina, su Cuerpo y su Sangre.

El tercer capítulo se titula: Jesús nos muestra su amor por medio de su Madre. En esta parte del libro te invito a conocer el amor que nos tiene nuestro Señor Jesucristo al entregarnos desde la cruz a su madre, para ser nuestra abogada y medianera entre la divinidad y la humanidad.

El cuarto capítulo lleva por título: Jesucristo presente en las vigilias de oración. En esta sección verás que a Jesús le encanta nuestros sacrificios y como es Dios sana nuestro cuerpo físico, mental y espiritual.

El quinto capítulo lleva por título: El Hijo de Dios sale a nuestro encuentro y camina con nosotros. Con el cual, conocerás el proyecto de Dios que tiene reservado para cada uno de sus seguidores, contiene testimonios donde el Señor se vale de nuestras dolencias, para obrar grandes milagros y transformar nuestra vida.

El sexto capítulo titulado ¿Qué debemos hacer para ganarnos el amor de Dios? Te darás cuenta que el Señor Jesús, quiere que practiquemos las obras de caridad, para alcanzar los frutos prometidos en su palabra.

Luz que no ves

PROYECTO DE DIOS PARA TRANSFORMAR VIDAS

Luz Clariza Pérez Vergara

CAPÍTULO I

DIOS NOS HABLA A TRAVÉS DE LA BIBLIA

"Espero al Señor, lo espero con toda el alma; en su palabra he puesto mi esperanza".

Deuteronomio 4:29

La biblia, llamada también "La Sagrada Escritura", es un libro bendito que sirven para alcanzar la sabiduría, acrecentar nuestra fe en Dios Trinidad; es producto de inspiración divina y un reflejo o registro de la relación entre Dios y la humanidad; contiene la Palabra de Dios. Aunque reconociendo que El usó a varias personas para escribir los diversos textos que allí se encuentran, los relatos sagrados, escritos bajo la inspiración del Espíritu Santo y tienen a Dios como autor, siendo este libro el más leído y vendido en la historia de todos los tiempos. En ella hay textos que nos servirán de guía en las diversas situaciones que se presentan a lo largo de nuestra vida.

Por otro lado, la Sagrada Escritura nos enseña que Dios es el amor que sentimos por todo lo que nos rodea: Ya sean visibles e invisibles; enseñándonos a perdonar a los enemigos; a afrontar situaciones difíciles y para mayor certeza Jesucristo nos dice: "Yo soy el camino, la verdad y la vida" (Juan: 14,6). Jesucristo, es el camino y la luz, porque sus enseñanzas iluminan el sendero de nuestra existencia y nos muestran el camino de regreso al Padre.

La constante lectura de los textos bíblicos, aumenta y fortalece nuestra fe, la misma que se convierte en una fuerza muy poderosa que influye positivamente en nuestras decisiones. También nos ayuda a controlar nuestro carácter; a hacer buenos amigos; a sobrellevar el estrés; nos da excelentes consejos para ser mejores personas. Así que nunca dudemos al ponerlos en práctica.

La iglesia siempre ha tenido en cuenta la Sagrada Escritura, como lo ha hecho con el Cuerpo y la Sangre de Cristo, en la cual nunca ha cesado de tomar y repartir a los fieles el pan de la vida que ofrece la Palabra de Dios, así como el Cuerpo y la sangre de Cristo.

La iglesia ha considerado siempre como norma de fe, la Santa Biblia, como inspiración de Dios y en las palabras de los apóstoles, los profetas y ángeles hace resonar la voz del Espíritu Santo.

Este sagrado libro, nos muestra al Padre que está en el cielo y en todo lugar, quién sale amorosamente al encuentro de sus hijos que vuelven a Él, para ofrecerles su perdón y es tan grande el poder y la fuerza de su Palabra, que constituye el sustento, el vigor y la firmeza para acrecentar nuestra fe. Además, se constituye como alimento del alma y fuente de vida.

"La palabra de Dios es viva y enérgica" (Hb: 4,12), puede "edificar y dar la bendición a todos los consagrados". (Hechos:20,32). A continuación, te narraré un testimonio sobre la lectura de este bendito libro:

La parábola del sembrador

Eran como las 4 p.m. de un día de trabajo normal, me senté para preparar mi sesión de aprendizaje, correspondiente al área de Religión y poder desarrollar con mis estudiantes al día siguiente, según el horario fijado.

Revisé mi programación y justo se tenía que reflexionar sobre la "Parábola del Sembrador" Abrí mi Biblia, busqué el texto y lo encontré en los tres Evangelios: Mateo 13:1-9, Marcos 4:1-9 y Lucas 8:5-8, 11-15, elegí este último porque hasta tenía su interpretación que a la letra dice:

5 "El sembrador salió a sembrar su semilla; y mientras sembraba, una parte cayó junto al camino, y fue hollada,

y las aves del cielo la comieron. 6 otra parte cayó sobre la piedra; y nacida, se secó, porque no tenía humedad. 7 otra parte cayó entre espinos, y los espinos que nacieron juntamente con ella, la ahogaron. 8 y otra parte cayó en buena tierra, y nació y llevó fruto a ciento por uno. Hablando estas cosas, decía a gran voz: El que tiene oídos para oír, oiga. 9 y sus discípulos le preguntaron, diciendo: ¿Qué significa esta parábola? 10 y Él dijo: A vosotros os es dado a conocer los misterios del reino de Dios; pero a los otros por parábolas, para que viendo no vean, y oyendo no entiendan. 11 esta es, pues, la parábola: La semilla es la palabra de Dios. 12 y los de junto al camino son los que oyen, y luego viene el diablo y quita de su corazón la palabra, para que no crean y se salven. 13 los de sobre la piedra son los que, habiendo oído, reciben la palabra con gozo; pero estos no tienen raíces; creen por algún tiempo, y en el tiempo de la prueba se apartan. 14 La que cayó entre espinos, estos son los que oyen, pero yéndose, son ahogados por los afanes y las riquezas y los placeres de la vida, y no llevan fruto. 15 Mas la que cayó en buena tierra, estos son los que con corazón bueno y recto retienen la palabra oída, y dan fruto con perseverancia.

Me puse cómoda para leer este texto bíblico y de ella extraer diversas actividades para trabajar con mis estudiantes, más o menos me encontraba en el versículo 7 y de repente me distraigo y dejo de leer verbalmente, al hacer silencio escuché una voz tierna y dulce que seguía leyendo el resto del texto. Miré en todas las direcciones: Derecha, izquierda, arriba abajo y giré para mirar hacia atrás y no había nadie, posteriormente esa voz se silenció cuando tocó el punto final del citado texto.

En la Biblia encontramos múltiples mensajes de Dios que son palabras divinas, llenas de luz y de consuelo, que debemos leer con espíritu atento y sosegado, antes de tomar decisiones. Estas son las citas bíblicas:

En las horas de tristeza: Juan, 16
En los desengaños y fracasos: Salmo,102
Cuando necesites paz y descanso: Mateo,11
Al sentirte mal de humor: Salmo, 88
En las enfermedades: Salmo, 91
Cuando van mal los negocios, Salmo,37
Al verse caído en pecado Salmo, 51
Para dar gracias por un beneficio Salmo, 103
Implorar misericordia: Salmo 86
En momentos de preocupación: Salmo, 6
Cuando fallan los amigos: Mateo, 27
En la muerte de un ser querido: 1 Tesalonic.,4

Al sentirse sólo o con miedo: Salmo,23

Si se siente desconfianza Juán,14

Si se experimenta tibieza: Apocalip.,3

Cuando asedia la tentación: Juan, 15

Al verse cargado de años: Salmo, 90

Ante el temor de morir: 2 Corintios., 5

Anhelo de estar con Dios: Salmo, 42

Ante una oposición injusta: Salmo, 35

En cualquier sufrimiento: Romanos,8

Antes de empezar un viaje Salmo, 121

Cuando se poseen riquezas: Lucas, 2, 13-21

Si se sienten deseos de venganza: Eclesiástico, 28

Conformidad en los sucesos: Eclesiástico, 11

Sobre la recta educación de los hijos: Eclesiástico, 30

Para aprender el temor de Dios: Eclesiástico, 17

Discreción en el hablar: Eclesiástico, 27

Para evitar las malas compañías: Eclesiástico, 9

Normas de buena sociedad: Eclesiástico, 8

Si te vas a casar: Libro de Tobías

Comparto con ustedes testimonios que les puede ayudar en circunstancias difíciles:

Cuéntale al Señor tus necesidades y verás lo que pasa…

Pasaban los años y vivíamos en diferentes casas como inquilinos, hasta que llegamos a una vivienda donde nos alquilaron un cuarto en el 2° piso con servicios de agua y baño en la primera planta. Con mis hijos pequeños teníamos que bajar para lavar, ducharse y realizar otras actividades que tienen que ver con la limpieza. Hasta que un día bajé a lavar ropa con mi pequeña hija y ésta se orinó en la vereda del baño, la dueña del inmueble, muy enojada me dijo: "¡Señora desocupe el cuarto!", van a llegar mis hijos de Lima y lo necesito para hospedarlos, a partir de hoy tiene quince días de plazo para salir", sin decir palabra, baldeé su patio, bañé a mi hijita y subí a la habitación hice dormir a mi pequeña, junto a su hermanito, cerré la puerta, me arrodillé y rogué con lágrimas a Dios, suplicándole que me ayudara a buscar un lugar donde vivir, sin importar donde esté ubicada.

Recuerdo que le hice una promesa a Dios diciéndole: que dejaría cuantas cosas de comprar y ahorraría lo más que pueda para poder adquirir una casita. Luego mis hijos se despertaron y tuve que atenderlos. Al cuarto día cuando me encontraba preparando el desayuno, de repente escuché una voz que decía: "Aquí vive mi sobrina, ella le va a pagar, porque tiene un trabajo por el estado", tocaron la puerta, al abrir, vi que era mi tía materna, quien venía acompañada de un señor a quien me presentó, les saludé amablemente, les invité a tomar asiento, me dijeron el motivo de la visita y mi tía se pasó a retirar.

Entablamos una amena conversación, intercambiamos ideas relacionadas a nuestras familias, al trabajo pedagógico y ya con más tranquilidad me dijo: "Hoy me encontré con su tía y ella me ha informado que usted desea comprar una casa". Me quedé pensando y recordé el pedido que le había hecho a Dios, me alegré muchísimo y le respondí: ¡Cuánto quisiera realizar esa compra!, pero por el momento no cuento con dinero en efectivo. ¡Eso no es problema! respondió él y añadió. "Me paga la mitad de su sueldo cada fin de mes hasta que se termine la deuda" ¿Qué dice? ¡Trato hecho le respondí!

Luego me pidió que le proporcionara una hoja de papel bond y un lapicero, donde anotamos los compromisos que asumiríamos ambos (comprador y vendedor) a partir de la fecha, para luego concretizar legalmente el documento ante un notario público. También, le entregué una pequeña suma de dinero como garantía, quedando para que en el transcurso de una semana me entregue la llave del inmueble para poder habitarla.

Al finalizar el trato, nos despedimos y al quedarme con mis hijos, nos abrazamos y agradecimos a Dios Todopoderoso por escuchar nuestras súplicas, dándonos un lugar para vivir y con tanta emoción, olvidé preguntarle al dueño, donde estaba ubicada la casa, qué dimensiones tenía y si contaba con servicios básicos. Al día siguiente fuimos donde vivía mi tía a darle la noticia que ya lo había realizado la compra y queríamos conocerla, ella accedió, nos llevó al lugar donde estaba ubicado el inmueble y nos dimos cuenta la dimensión de su frontera, el material de construcción, ahora solo se tenía que esperar unos días para saber si contaba con sus servicios básicos.

Faltando un día para el anhelado plazo, llegaron los dueños a entregarme la llave, conversamos un momento, donde me dieron todos los detalles con las que contaba el inmueble. El señor se retiró a hacer gestiones y seguimos dialogando con su esposa y ella me hizo la siguiente propuesta: Cómo parte de pago ¿Puede darme algunos muebles que tiene? le respondí: - ¡Está bien!, estoy de acuerdo. Entonces seleccionó algunos de ellos. Al rato llegó su cónyuge y ella le comunicó la idea que tenía y éste le dijo: la casa es de los dos, con tu parte puedes comprar tus cosas. Luego sacamos la cuenta y el costo de los enseres cubría casi la décima parte del total del costo de la propiedad. Posteriormente la pareja fue a buscar su carro, mientras desocupaba los muebles para entregarles. Muy ilusionados nos fuimos con la llave a realizar la limpieza de nuestra nueva vivienda, recuerdo lo emocionados que estaban mis hijos, alegres saltaban y corrían de un lugar a otro, la casa estaba ubicada cerca a la quebrada y nos íbamos todos los días a las orillas del río Amojú a disfrutar de su bello paisaje, de su abundante agua y de sus refrescantes brisas.

Así pasó el tiempo, cada día me levantaba bien temprano a botar los objetos inservibles que estaban almacenados en el corral, así como a rodar las piedras que podía, para ampliar y darle buen uso a ese espacio.

Seis años después, cuando ya había cancelado toda la cuenta, me invitaron a una reunión para formar un grupo y empezar a hacer trámites para que nos otorgue un préstamo el banco de materiales, todos los integrantes pusimos el mayor interés para juntar los documentos que nos pedía dicha entidad, al tenerlo listo lo presentamos y a los pocos días nos aprobaron el préstamo, el cual no nos daban en efectivo sino en materiales de construcción sólo para un piso y nosotros los propietarios teníamos que pagar la mano de obra, puertas y ventanas.

Al año siguiente nos otorgaba préstamos los bancos a los docentes, situación que aproveché para pagar cuentas y culminar con los acabados de la primera planta.

Así pasaron los años hasta que en año 2018, fui al Banco de la Nación y me acerqué a preguntar sobre los requisitos para acceder a un préstamo hipotecario. Estos los iba adjuntando poco a poco al expediente, los presenté y esperé unos meses, hasta que un día del mes de julio y vaya sorpresa tenía aprobado un fuerte préstamo para el remodelado y ampliación del inmueble, un arquitecto hizo los planos, busqué un albañil y empezó el trabajo y ya casi por culminar con todo lo planificado, tuve que viajar a Lima a la procesión del "Señor de los Milagros" y mis hijos habían acordado pedir a los proveedores materiales para un piso más sin consultarme. Al regresar me preocupé muchísimo al verlo tan alta, no sabía qué hacer, por más que me decían los trabajadores que está bien, no estaba tranquila ni de día, ni de noche por dos razones: Una porque no se tenía el presupuesto para un piso más y lo otro porque las bases no estaban aptas para la edificación de otra planta.

Una tarde cuando el sol se oponía, subí al segundo piso, me senté en un rincón a llorar y a buscar alternativas de solución a este problema que me atormentaba sobremanera, luego empecé a rezar el santo rosario, recuerdo que meditaba en ese día, los misterios de luz y estando ya casi para culminar, me quedo dormida y en mi sueño veo que habían colocado palos gruesos en toda la habitación, así como hacen los albañiles para llenar un techo, por unos instantes levanto la mirada y observo a varios hombres, uno en cada poste que con sus fuertes brazos sostenían el peso de la casa. Esta visión bastó para acabar de una vez por todas con todas mis sufrimientos y preocupaciones.

Jesús presente en los momentos más difíciles de mi vida

Allá por el año 2000, el 22 de diciembre murió mi hija, una bebita de tres meses de nacida, mientras lo velamos, tuve mucho sueño, fui a descansar un momento al cuarto de al lado de donde su cuerpecito se estaba velando. En la madrugada soñé que estaba mirando por la ventana que daba al corral, en eso observo que varias plantas de gladíolo crecían y se llenaba por todo el espacio, caminé hacia ellos y me puse acariciar planta por planta, de cada una de ellas brotaba un ramillete de flores, todas eran lozanas de color blanco, de ellas la más grande se cortó solita y se fue elevando hacia el cielo moviéndose de derecha a izquierda, se escuchaba una música de campanitas de navidad, lo contemplé y vi que, al momento de perderse por las nubes, sacó su manito mi bebita y lo movía en señal de despedida. En ese momento me desperté. fui donde estaba ella y no me separé más.

Al día siguiente teníamos que llevarlo al cementerio a darle cristiana sepultura, antes de que lo pongan la tapa del ataúd, le cambié de gorrito y recuerdo que le puse una gorrita blanca con visera y lo amarré con dos corbatitas debajo de su cuellito.

Meses después mediante un sueño, me veo yo misma, que estaba en el cementerio, contemplando su tumba y en medio de ésta estaba un tubo como de dos pulgadas y media, que daba desde el piso hasta donde estaban sus restos, me incorporé para saber que había debajo y vi un carrusel grande con adornos de bebé, donde estaban varios angelitos que alegremente con sus alitas daban vueltas por ese espacio, unos vestidos de blanco, otros de color celeste, muchos de ellos llevaba ropa de color amarillo. Muy ansiosa de volverlo a ver a mi bebé, me pregunto: ¿Cuál de éstos angelitos será mi María Consuelito? ¡Dios mío! ¿Cómo lo reconozco? ¿Casi todos son iguales? Al decir esto, ella vestida de blanco, al pasar por mi delante, levanta su cabecita y me muestra el amarre de las dos corbatitas que lo hice al momento de llevarlo al cementerio. Lo contemplé emocionadísima y sin perderlo de vista contemplaba como el carrusel daba vueltas y al pasar por mi vista movía su manito. ¡Ella estaba feliz!, ¡Bien cuidadita! rodeada de ángeles.

Finalmente, el tubo por el cual tenía acceso a verla, lentamente se cerró.

Al despertar esta visión me confortó mucho, me di cuenta las alegrías que mi hija pasaba y que yo por más que me hubiera esforzado a darle todo, no lo hubiese conseguido ni en un mínimo porcentaje.

En el 2006, el 1° de noviembre día de todos los santos, fui al cementerio como los años anteriores a ponerle sus flores, a regar agua bendita y a velar un momento como cantarle sus canciones de cuna a mi hijita, al llegar a su sepulcro me doy con la sorpresa que lo habían arreglado con flores al alrededor del lugar donde descansaban sus restos, me senté a un costado y me preguntaba: - ¿Quién habrá venido antes que yo? En eso salen de sus escondites mis estudiantes diciendo: ¡Sorpresa profesora! ¡Le estamos esperando!

Muy emocionada les di las gracias por el detalle, todos se ubicaron alrededor de su tumba, seguidamente entonamos canciones preferidas por ellos, luego rezamos por el alma de mi pequeña y por todas las almas, en especial por las almas de los angelitos, es decir por las almas de las personas que han fallecido a tierna edad y como era día de todos los santos, también elevamos una oración por todos ellos, posteriormente nos sentamos a conversar. Algunos niños me comentaban que en su tiempo libre y mucho más los días lunes por la tarde, sábados, domingos y feriados aprovechaban su tiempo para vender: velas, flores y agua en éste campo santo y que con el dinero que ganaban ayudaban a sus padres para solventar los gastos de sus hogares. Además, contaban sus experiencias vividas en éste lugar. A manera de anécdota uno de ellos dice: "Profe… ayer lo han traído a enterrar a un buenazo… ¡A qué bien…!, le contesté, así es como lo entierran a todas las personas que durante su vida se dedicaron a trabajar por el bienestar de su familia y por los demás – No profe… ¡no es por eso! me respondió. Entonces ¿Por qué dices que han traído a enterrar a un buenazo…? ¡Ah, es porque vendí todas mis velas, mis flores y mi agua!

Pero también traen a enterrar profe… a unos malazos y cuando esto sucede no hay negocio, porque sólo vienen unas cuantas personas que no nos compran nada.

Finalmente, los padres vinieron por sus hijos e hijas y nos despedimos hasta el día siguiente.

CAPÍTULO II

¿POR QUÉ ES IMPORTANTE LA EUCARISTÍA?

Jesús dijo:

> "Yo soy el pan vivo que ha bajado del cielo. Quien coma de este pan, vivirá eternamente, y el pan que Yo daré es mi misma carne para la vida del mundo". (Juan 6: 51–52)

La Santa Eucaristía es el sacramento de amor; es un misterio grande de misericordia, donde «El Señor Jesús, la noche en que fue entregado», 1 Co:11, 23, instituyó el Sacrificio eucarístico de su cuerpo y de su sangre.

Las palabras del apóstol Pablo nos llevan a las circunstancias dramáticas en que nació la Eucaristía. En ella está inscrito de forma indeleble el acontecimiento de la pasión y muerte del Señor. Es el sacrificio más admirable en la que Jesucristo se entrega a la muerte y a la muerte en cruz, por el perdón de nuestros pecados.

La Eucaristía nos muestra un amor que llega «hasta el extremo», (Jn: 13, 1), un amor que no conoce medida.

Precisamente por eso la Eucaristía, es el sacramento por excelencia del misterio pascual, está en el centro de la vida eclesial. Se puede observar esto ya desde las primeras imágenes de la Iglesia que nos ofrecen los Hechos de los Apóstoles: "Acudían asiduamente a la enseñanza de los apóstoles, a la comunión, a la fracción del pan y a las oraciones" (2: 42). Recordemos la doctrina siempre válida del Concilio de Trento: "Por la consagración del pan y del vino se realiza la conversión de toda la sustancia del pan en la sustancia del cuerpo de Cristo Señor nuestro, y de toda la sustancia del vino en la sustancia de su sangre". Verdaderamente la Eucaristía es un misterio que supera nuestro pensamiento y puede ser acogido sólo en la fe. La Iglesia vive del Cristo eucarístico, de Él se alimenta y por Él es iluminada.

La Eucaristía es uno de los misterios más grande de fe y, al mismo tiempo, "Misterio de luz". Cada vez que la Iglesia la celebra, los fieles pueden revivir de algún modo la experiencia de los dos discípulos de Emaús: "Entonces se les abrieron los ojos y le reconocieron", Lc: 24, 31. Mediante la comunión: le recibimos a Él mismo, que se ha ofrecido por nosotros; su cuerpo, que Él ha entregado por nosotros en la Cruz; su sangre, "derramada por muchos para perdón de los pecados", (Mt: 26, 28).

La Eucaristía es verdadero banquete, en el cual Cristo se ofrece como alimento que, al recibirlo nos hace sentir una renovada necesidad de estar largos ratos en conversación espiritual con ÉL, en adoración silenciosa, en actitud de amor, ante Cristo presente en el Santísimo Sacramento. En el humilde signo del pan y el vino, transformados en su cuerpo y en su sangre, Cristo camina con nosotros como nuestra fuerza y nuestro viático y nos convierte en testigos de esperanza para todos. Si ante este misterio la razón experimenta sus propios límites, el corazón, iluminado por la gracia del Espíritu Santo, intuye bien cómo ha de comportarse, sumiéndose en la adoración y en un amor sin límites. Aquí encontrarás un texto bíblico junto a testimonios donde El Hijo de Dios se muestra como alimento sagrado y al participar en ella, nuestra alma se fortalece. Además, alcanzamos una de las obras de misericordia más grandes como es la indulgencia plenaria.

Al respecto les contaré lo siguiente:

Las almas me agradecen por su salvación

Casi todos los días iba a misa y cada vez que el sacerdote mencionado los nombres de los difuntos, en mi interior decía: ¡Señor te pido por él! o por ella! según sea su género y así cada vez que me encontraba presente en la celebración eucarística, rogaba al Señor por cada una de las almas que el celebrante iba mencionando.

Una madrugada mientras dormía tuve la siguiente visión: Qué me encontraba en un lugar muy lejano vestida de misionera, éste parecía la ciudad de Roma, por sus hermosas catedrales, sus anchas y enormes calles, por cuyas veredas caminaba llena de alegría llevando la Palabra de Dios. Al trasladarme por una de esas calles vi a personas que iban y venían, éstas últimas al notar mi presencia me miraban fijamente y luego decían: ¡ella es!, se apresuraban para alcanzarme, disimuladamente me daba la vuelta, caminaba más a prisa tratando de esquivarme y mientras me trasladaba por otra calle, nuevamente venían personas y se decían entre ellas: Mira, ¡ahí está! ¡ella es! Al darme cuenta daba la vuelta de inmediato y desaparecía.

Procuraba transitar por otras calles, tratando de pasar desapercibida hasta que llegué al centro de un parque grande, caminé por uno de sus pasadizos, observé que a mi alrededor de se formó un círculo, de tal manera que las personas que venían de diferentes direcciones no se podrían acercarse a mí, ni yo a ellos. En éstas circunstancias observé que multitudes de gente llenaban los pasadizos del inmenso parque y en coro decían: ¡Ella es!... ¡Ella es!... ¡Ella es! …

Desesperada caminé unos pasos hacia adelante y con toda la fuerza de mi voz decía: ¡Ustedes se han equivocado, yo ni siquiera los conozco! No sé de qué hablan ¡por favor déjeme salir de aquí!

Cuando decía esto, un joven alto, rompió filas, trató de acercarse a mi diciéndome: - ¡Gracias señora! ¡Gracias a usted!, ¡yo estoy salvo! Trataba de entender por qué me decía así pero no daba, por lo que le hablé diciendo: ¡Joven usted se ha equivocado! - ¡Yo no he hecho nada por usted! y suplicaba a la multitud de personas que me rodeaban que por favor me dejaran salir de ese lugar. Posteriormente una jovencita salió a mi encuentro y me dijo: ¡Gracias señora!, - ¡por usted yo estoy salva! - Contesté lo mismo: -Usted se ha equivocado, yo no le conozco. Yo, ni siquiera soy de aquí y por usted yo no he hecho nada, tal vez tenga algún parecido con la persona que les ayudó a salvarse, pero entiéndame por amor a Dios ¡Yo no soy!, ¡Por ustedes yo, no he hecho nada!... Así que ¡déjeme salir…! A medida que pasaba el tiempo observé que llegaba más y más gente a darme las gracias porque según ellos yo, les había salvado.

Al despertar trataba de interpretar este sueño, rondaba por mi cabeza todos los días, hasta que un día llegué del colegio cansada, me senté un momento frente al televisor, lo prendí y justo en el canal EWTN un sacerdote explicaba con detalle sobre la indulgencia plenaria y al respecto decía: "Quién reza un rosario delante del Santísimo, escucha una misa completa, comulga, reza un Padre Nuestro y un Ave María por las intenciones del Papa, esa persona hace la obra de Caridad más grande del mundo, ¡Lleva una alma del purgatorio al cielo! - me quedé pensando y justamente eso es lo que quería decirme esa visión, que a través de la presencia de muchas misas juntamente con la comunión, el rezo del Santo Rosario ante El Santísimo y las oraciones a favor del Papa había llevado muchas almas al cielo y ellas eran las que me agradecían.

A continuación, te muestro cinco extraordinarios milagros eucarísticos, publicados en el siguiente enlace:

https://es.churchpop.com/2016/05/29/5-extraordinarios-milagros-eucaristicos-en-fotos

1.- El milagro de Lanciano – Siglo VIII

Este es el más célebre de los milagros eucarísticos. En el Siglo VIII, un sacerdote en Lanciano, Italia, estaba experimentando dudas acerca de la presencia real de Jesús en la Eucaristía. En medio de una misa, mientras decía las palabras de la consagración vio cómo **el pan se transformó en carne humana y la sangre se coaguló en cinco coágulos**. Se puede visitar la carne y la sangre milagrosa en la Iglesia de San Francisco de Lanciano, Italia.

2.- El Corporal de Bolsena – Siglo XIII

Un sacerdote que había estado experimentando dudas acerca de la transubstanciación estaba celebrando una misa en Orvieto, Italia. **Poco después de la consagración, la hostia comenzó a sangrar sobre el corporal (paño) en el altar**. La historia se hizo conocida y el sacerdote se encontró con el Papa que estaba de visita en la ciudad y confesó su pecado de duda. Actualmente, este corporal se mantiene en exhibición en la catedral de Orvieto.

3.- La hostia de Siena. Italia – Siglo XVIII

El 14 de agosto de 1730 unos ladrones entraron en la Iglesia de San Francisco y robaron un copón que contenía hostias consagradas. Dos días más tarde, los sacerdotes encontraron una caja en una banca con las hostias perdidas. Después de limpiarlas tanto como fue posible, las hostias fueron colocadas en un nuevo copón y fueron llevadas de nuevo a la Iglesia de San Francisco para hacer oraciones de reparación y veneración.

Dado que las hostias estaban sucias, los sacerdotes decidieron no consumirlas, sino simplemente dejar que se deterioren. Durante las próximas décadas, todo el mundo se sorprendió al ver que las hostias no se deterioraron, y más bien parecían frescas. Dichas hostias se mantienen hasta hoy, más de dos siglos después, y todavía se pueden ver en la ahora basílica de San Francisco, en Siena, Italia. Este también es uno de los milagros eucarísticos más conocidos.

4.- El milagro de Chrattakonam India – Siglo XXI

El 28 de abril de 2001, hubo una adoración eucarística en la parroquia de Santa María en Chirattakonam, la India, cuando de repente tres manchas rojas se materializaron en la hostia consagrada. El sacerdote no supo qué hacer, así que solo atinó a colocar la hostia de nuevo en el tabernáculo.

Unos días más tarde, y ya recuperado del asombro, el sacerdote volvió a revisar la hostia y las manchas rojas parecían dibujar el rostro de Jesús. Rápidamente encontró un fotógrafo y tomó fotos de la hostia.

5.- El Milagro Eucarístico de Santarém – Siglo XIII

Una mujer vivía en Santarém, Portugal, en el Siglo XIII y estaba angustiada porque sospechaba que su marido le era infiel, así que decidió consultar con una bruja en busca de ayuda. La hechicera le dijo que el precio de sus servicios era una hostia consagrada.

Ella fue a misa en la iglesia de San Esteban y recibió la Eucaristía en su lengua, se quitó la Eucaristía de la boca, lo envolvió en su velo, y se dirigió a la puerta de la iglesia.

Para su sorpresa, y antes de salir del templo, la hostia comenzó a sangrar. Aun así, se fue con la hostia sangrante hasta su casa. Al llegar, la guardó en un baúl y esa noche, una luz milagrosa emanaba del contenedor. Ella se arrepintió de lo que había hecho y a la mañana siguiente confesó a su cura lo sucedido. El sacerdote fue a su casa y recuperó la hostia consagrada llevándola de nuevo al templo.

En Perú, en la ciudad de Eten, región Lambayeque, también hay Milagros Eucarísticos:

Pablo Cesio – Aleteia Perú – publicado el 07/09/21

Desde Monsefú a Ciudad Eten, dos localidades del departamento de Lambayeque y con cercanía a su capital Chiclayo. Fue en esa zona del noroeste de Perú donde el pasado sábado 4 de septiembre se realizó la denominada "Peregrinación del Milagro Eucarístico".

Se trató de un momento cargado de agradecimiento y emoción. Es que regresó una peregrinación, luego de dos años suspendida, que recuerda el "milagro eucarístico de Eten" ocurrido en 1649 en la localidad que lleva ese nombre.

El propio beato Carlo Acutis registró en internet este milagro eucarístico. Lo hizo a través de una página creada y diseñada por él, en donde aparece el siguiente pasaje:

"En la hostia había aparecido un rostro resplandeciente de un Niño. Estaba rodeado de rizos castaños que caían sobre sus hombros. Todos los fieles presentes pudieron ver lo mismo"

Los milagros eucarísticos ponen de manifiesto, el valor que debemos darle todos los creyentes a éste sacramento llamado Eucaristía, donde el mismo Cristo lo constituyó en la última cena mientras celebraba el banquete pascual con sus apóstoles antes de morir en la cruz.

Jesucristo desde ahí nos ofrece su cuerpo y su sangre mediante los signos del pan y el vino en la hostia consagrada, proporcionándonos así un alimento sobrenatural que renueva nuestras fuerzas para que nuestra alma se fortalezca y busque a su salvador cada día de su vida.

CAPÍTULO III

JESÚS NOS MUESTRA SU AMOR POR MEDIO DE SU MADRE.

> *"Jesús, viendo a su Madre y junto a ella al discípulo a quien amaba, dice a su Madre: Mujer, ahí tienes a tu hijo. Luego al discípulo: Ahí tienes a tu Madre. Y desde aquella hora el discípulo la acogió en su casa." (Jn: 19, 26-27)*

Jesús nos muestra su amor a través de su madre a quien ama tiernamente y en ella nos manifiesta su amor reforzando así nuestra fe, siendo pues María, la mujer elegida por Dios, para ser la mamá de su hijo Jesús. Pero no a la fuerza, sino que le envía un ángel para consultarle si ella, quiere ser la Madre de su Hijo. En la anunciación, ella recibe del Arcángel San Gabriel esta invitación, a la cual ella accede con fe, amor y humildad. Desde ahí María es llamada Madre de Dios ya que engendró a Cristo en su vientre bendito. El arcángel la llamó "Llena de gracia (Lc:1,28) e Isabel movida por el Espíritu Santo la llamó "Bendita entre las mujeres" (Lc:1,42). En el Nuevo Testamento, los evangelistas: San Mateo y san Lucas recogen las enseñanzas acerca de la concepción virginal y el nacimiento de Jesús.

El evangelista Lucas presenta a la Virgen María como figura central del evangelio en lo relacionado a la infancia de Jesús, unida, por tanto, al nacimiento y vuelve a resaltar su presencia en los hechos de los apóstoles al narrar la vida naciente de la iglesia. San Juan evangelista también describe su presencia en Caná, interviniendo activamente en el primero de los milagros realizados por Jesucristo, y por último en la cruz, Jesús le dijo a su Madre: "Mujer, ahí tienes a tu hijo, hijo, ahí tienes a tu madre" (Jn: 19, 26-27). Desde aquella hora, el discípulo la recibió en su casa. Por ello, la Virgen María también es madre de todos los cristianos. La oración que más agrada a la Madre de Dios, es el rosario que es la síntesis de todo el evangelio. Esta es una oración que dirigimos junto a María para alabar y dar gracias a Dios por habernos enviado a su Hijo.

Se puede rezar el Rosario en cualquier lugar, pero el espacio privilegiado para hacerlo es frente al Sagrario, donde Jesús está presente. En resumen, diremos que en el rezo del Rosario María es nuestra compañera de oración, de una oración movida por Espíritu Santo y que, a través del Hijo, va dirigida hacia el Padre. El rosario está compuesto por veinte misterios, los cuales se pueden rezar separadamente según el día: Los cinco primeros son llamados misterios gozosos que se rezan los días lunes y sábados, se contempla la infancia de Jesús, es decir desde la Anunciación hasta la pérdida y hallazgo del Niño Jesús en el Templo. Los cinco misterios siguientes son llamados misterios de luz, donde se medita la vida pública de Jesús desde su bautismo hasta la víspera de su pasión y se reza los días jueves. Los cinco misterios que continúan abordan la pasión de Jesucristo en el Huerto de Getsemaní hasta el santo sepulcro. Se rezan los días martes y viernes y por último están los misterios gloriosos que abarca desde la Resurrección de Cristo Jesús hasta la Coronación de la Santísima virgen María y se rezan los días miércoles y domingos.

María es la madre de Dios, Sagrario del Espíritu Santo. Nuestra devoción se dirige a imitar sus virtudes y a proclamar las maravillas que en ella ha hecho el Todopoderoso.

La Biblia muestra a María al lado de Jesús. Los Evangelios nos presentan como colaboradora en la misión de su Hijo. En Belén da a luz a Jesús, lo presenta a los pastores y a los magos, vive con Él, en Nazaret; intercede en Caná para que Jesús, haga su primer milagro: convirtiendo el agua en vino; sufre al ver a su amado hijo crucificado en la cruz; ora en el cenáculo junto a los discípulos, después que Jesús ascendió al cielo. María es considerada como la primera creyente, la primera apóstol, ejemplo de fortaleza y de fe para nosotros los cristianos.

Sobre este tema te presento un dogma, relacionado a la Asunción de la Virgen María al cielo, Por: Presbítero. Cecilio de Miguel Medina Director de Pastoral Universidad Católica de la Santísima Concepción

Asunción de la Virgen en Cuerpo y Alma al Cielo

Es una de las fiestas marianas más importante y que la Iglesia celebra el 15 de agosto. Teológicamente pertenece a uno de los dogmas o verdades de fe definidos por la Iglesia; junto a la Maternidad divina de María, es decir que es la Madre de Dios, y que fue concebida sin pecado original y que fue siempre virgen, el Magisterio solemne nos entregó esta verdad. Es la última verdad enseñada por la Iglesia al ser definida por el Papa Pío XII, el 1 de noviembre de 1950; y como es un dogma de fe, no hay posibilidad de que seamos engañados al admitirlo, pues el Papa goza de la prerrogativa de la infalibilidad, como nos enseñó el Concilio Vaticano I el año 1870.

El dogma no toca algunas cuestiones muy relacionadas con él, como si la Virgen murió o no, y si la respuesta es afirmativa, si resucitó. Estas cuestiones han quedado a la libre aceptación y discusión de los fieles, sobre todo de los teólogos. Lo enseñado por Pío XII en la Constitución "Munificentissimus Deus" es "Que la Inmaculada Madre De Dios, siempre Virgen María, cumplido el curso de su vida terrestre, fue asunta en cuerpo y alma a la gloria celestial".

Dentro de la libertad para aceptar que María muriera está una tradición muy metida en la creencia de los ortodoxos orientales. Hasta es muy visitada en Jerusalén la basílica de la Dormición de la Virgen que los bizantinos construyeron a comienzos del siglo V. En el monte Eleón, que se está fuera de la muralla de la ciudad vieja y muy cerca de la Basílica, está la tumba de David y el Cenáculo donde Jesús instituyó la Eucaristía en la Ultima Cena. En la cripta de la Basílica atendida por una comunidad de Benedictinos que forman la Abadía de la Dormición hay una venerada imagen que representa a la Virgen acostada, con un mosaico en la cúpula que representa a Jesucristo que viene a llevar su alma.

Según una tradición muy antigua, el arcángel San Gabriel le habría anunciado a María que su Hijo vendría a buscarla después de tres días. El mismo Jesucristo había avisado a los apóstoles que se reunieran en Jerusalén para despedirse de ella. Todos ellos habrían acompañado el cuerpo de María, que había sido enterrada junto a las tumbas de sus padres y de su esposo San José en Getsemaní, que está cerca de la Basílica de la Dormición. Pero Tomás no llegó a tiempo del entierro de María y quiso ver su cuerpo para despedirse. Cuando abrieron la tumba, el cuerpo de la Virgen no estaba, y sólo vieron los lienzos con que lo habían envuelto. Por la noche oyeron una música celestial y vieron a María que suspendida en el aire les decía: "alégrense, porque yo estaré con ustedes todos los días".

La afirmación de que la Virgen, para parecerse más a su Hijo, habría sufrido el dolor de la muerte, ha tenido siempre muchos seguidores. En este caso, Jesús habría resucitado a su Madre y a continuación la habría llevado al cielo para estar junto al Padre, como la esclava del Señor y junto a su amado esposo el Espíritu Santo

Testimonio:

La virgen María pasa por la orilla de la quebrada

Por el año 1994 aproximadamente, había llovido demasiado aquí en la ciudad de Jaén, la quebrada se cargó y traían enormes piedras, restos de árboles y animales, estábamos tan asustados todos los moradores, la mayoría de vecinos, incluida yo, queríamos vender nuestras pequeñas propiedades a fin de no perder todo y mudarnos a otro lugar.

Cada vez que se cargaba la quebrada teníamos que huir a lugares seguros, a pedir posada como se dice en este lugar. Meses después llovió torrencialmente, yo y mis hijos nos habíamos quedado tan dormidos que a pesar de que los vecinos habían tocado la puerta muy fuerte no nos habíamos despertado.

Al día siguiente me levanto de mi cama bien temprano y veo abundante agua, por la lluvia que había caído en la noche y a pesar que había cesado de llover, el agua seguía corriendo tanto por la calle como por el corral, sentí un miedo terrible porque en la parte baja de nuestra calle, el río había llevado, parte de las casas y pertenencias de los vecinos, me preocupé sobremanera que pedí en oración a Dios que nos ayudara con todo esto, los días pasaban y cada día el temor a ser llevados por el agua del río crecía más y más.

Me acosté preocupada, mientras dormía por la mañanita tuve un sueño así: Que me levanté muy de madrugada, apenas se podía ver y me dirigí a la quebrada a ver si estaba muy cargada de agua, debido a que por la noche había caído una fuerte lluvia, después de contemplar aquella escena, fijo la mirada hacia la orilla de la misma y veo a la virgen María con su vestimenta de la Medalla Milagrosa (vestido de seda de color blanco y manto celeste) que el viento le llevaba cuesta arriba, corrí y corrí por las piedras tras ella a fin de alcanzarlo y tanto correr desesperada, me adelanté, al darme la vuelta, estaba frente a la Madre de Dios. Desperté emocionadísima y desde entonces nunca más tuve miedo y cuando sucedía este fenómeno, lo único que hacía es arrodillarme a dar gracias a Dios y a su madre bendita por su protección. Además, hasta hoy no se han presentado daños por estos lugares.

A continuación, narro otro testimonio relacionado con la presencia de María, la madre de Dios.

La virgen María me envía: Lluvia de bendiciones

Era finales del año escolar 2017, los estudiantes asistirán una semana más a clases y luego pasarían al periodo vacacional.

En reunión acordamos con los padres de familia, realizar en el último día de clases (viernes) una ceremonia de despedida y aprovechar la ocasión para brindarles una chocolatada a los niños y así celebrar por adelantado la Navidad del Niño Jesús.

Recuerdo que era el día jueves a la última hora les comenté a los niños, que solamente nos quedaba un día para finalizar las clases y que en coordinación con sus padres les ofreceríamos una chocolatada navideña para celebrar por adelantado el cumpleaños del Niño Jesús, así como también premiarles por todo el esfuerzo que han puesto en sus estudios, los cuales han sido demostrados con sus calificativos aprobatorios en el presente año académico y finalmente despedirnos hasta el próximo año Dios mediante.

Los estudiantes se alegraron mucho. De pronto se me ocurre preguntarles: ¿Desean algo más que los preparemos para celebrar estos acontecimientos?

- ¡Siiiiiiiiiii, Profesora!, contestaron entusiasmados, entonces dígame que les gustaría comer ese día tan especial "Si nos prepara un pollito mechado con yuquita", me dijeron con sus hermosas sonrisas. Les respondí: - ¡Trato hecho niños!, pediré a las mamás más colaboradoras para que nos ayuden con la preparación.

Seguramente que me acosté muy tarde aquella noche. Al día siguiente, despierto y veo que ya eran las 6 de la mañana. ¡Dios mío!, exclamé ya no tengo tiempo para rezar el santo rosario como todos los días. Me alisté para salir de compras al mercado. Pero antes de hacerlo me dirigí al cuadrito de la Virgen María, la misma que se encuentra hasta el día de hoy en la pared de mi sala y como pasar a toda prisa le dije: ¡Madrecita!, ¡Perdóname!, porque hoy no te he ofrecido el Santo Rosario como siempre lo hago. Pero te prometo llegar a tiempo, y no almorzar mientras no haya rezado tu oración preferida.

Al llegar al colegio las madres de familia me esperaban para entregarles los ingredientes necesarios para la preparación del plato favorito de los estudiantes.

Entramos a clase y realizamos las primeras actividades correspondientes a ese día, de inmediato procedimos a decorar el aula de acuerdo a la ocasión, todos nos pusimos a trabajar y al poco tiempo llegó la comida y empezó la ceremonia, donde los niños y las niñas agradecían en primer lugar a Dios por todo lo concedido durante todo el año, luego cantamos los famosos villancicos navideños a todo pulmón, en honor a la natividad del Niño Jesús, bailamos como 2 a 3 piezas musicales, luego se sentaron en sus respectivas mesas para comer, posteriormente servimos el chocolate, panetón y su pollito con yuca, tal como ellos lo habían solicitado, finalmente nos despedimos, deseándonos una feliz navidad y un próspero año nuevo y que Dios nos conceda celebrar este magno acontecimiento en compañía de todos nuestros seres queridos.

Ya casi era la 1 p.m. pedí de favor a las madres de familia que dejaran el aula limpia y ordenado para que los estudiantes del turno tarde continúen con sus clases.

Muy apresurada regresé a casa y de inmediato me senté frente al cuadrito donde se encuentra la imagen de la Madre de Dios, la misma que le llamamos en nuestro presídium de la legión de María con el nombre de "Medalla Milagrosa" y cuando estaba más o menos por el cuarto misterio, me quedo como dormida y veo que del cuadrito brotó, así como una lluvia de globitos muy pequeñitos de color blanco con un aroma a rosas muy fragantes. Me desperté percibiendo todo ese olor y continúe con mucha más fe mi rosario hasta culminar con el último misterio.

La Virgen María deposita una medallita en mis manos

En la Iglesia Catedral de Jaén, se acostumbra realizar la Adoración al Santísimo Sacramento del Altar todos los jueves Santos con la participación de diferentes grupos religiosos como: La Legión de María, Renovación Carismática, Movimiento Juan XXIII, entre otros grupos, quienes por turnos hacen su llegada a la Catedral y participan cantando alabanzas al Señor y haciendo meditaciones con lecturas bíblicas alusivas a Semana Santa por espacio de una hora.

A eso de las 3 a.m. no llegaba el siguiente grupo y aproveché para orar ante Jesús Sacramentado en la banca que estaba delante y frente al Santísimo me quedé dormida un momentito y en mi sueño veo que la virgen María se acerca a mí, me abre la mano derecha, coloca como un cuadrito, luego lo cierra despacito y se va. Abrí mi mano lentamente y veo que era una linda y delicada medallita de la Virgen del Carmen, Desperté sentí que en mi mano se encontraba tal reliquia, terminé de orar, regresé a mi asiento ansiosa de contemplarla con más tranquilidad, abrí con cuidado mi mano, pero la medallita ya no estaba.

Al respecto del rosario, les diré que es un arma poderosa,

que nos protege en todo momento y ante cualquier circunstancia. He aquí los siguientes testimonios:

El rosario me protege de ser atacada por un perro Pinball

Era como las 4 de la tarde de una de un día de vacaciones, cuando me llamaron por teléfono para avisarme que unos invasores, estaban a punto de tomar posición de un solar de mi propiedad, ubicado a las afueras de la ciudad, donde vivo. Por lo que acudí al lugar inmediatamente, al llegar constaté que efectivamente estaban como tres señores, con sus herramientas trabajando, para quedarse ahí. Llegué les saludé, saqué los papeles del inmueble y les mostré. Ellos se miraron y salieron de ahí y se disculparon diciendo que habían entrado ahí, pensando que quizá el mencionado solar no tenía dueño, luego se despidieron y se fueron a sus casas.

Para regresar, no había movilidad y tenía que caminar varias cuadras hasta llegar a la pista, ya casi anochecía, esos lugares eran silenciosos, al parecer ninguna persona por esas horas transitaba por ahí. Miré al fondo de una calle, y ahí había una casa, donde se encontraba un perro Pinball, estaba amarrado con una soga, al verme empezó a ladrar y a jalonearse, hasta que rompió la cuerda, corrió a atacarme. Empecé a temblar, no sabía que hacer sí correr o esperar, la desesperación se apoderaba de mí; de inmediato invoqué a la Santísima Madre de Dios y saqué mi rosario de mi bolsillo y al instante le mostré al can, que prácticamente estaba frente a mí, sus ojos estaban rojos y llenos de rabia, al ver las cuentas de este instrumento de oración, se calmó y con el rabo entre las piernas, caminó, perdiéndose por dentro de las hierbas, con dirección al lugar de dónde había salido, situación que aproveché, para correr y avanzar y así alcanzar la pista, al llegar levanté la mano a un mototaxista que regresaba a Jaén para que me haga una carrera con dirección a mi domicilio, agradeciendo a Dios y a su santa Madre por su protección y ayuda en momentos tan peligrosos como este.

El rosario también me protege de ser vista y atacada por una serpiente

Un día domingo fui con mis hijos que todavía estaban pequeños a visitar a un familiar que vivía por la parte alta de Jaén llamado "El Morero". Después que nos dejó el carro en la pista, nos dirigimos por un camino de herradura y para llegar más rápido atravesamos una finca de café. Gracias a Dios mis hijos se habían entretenido un momento jugando por el camino, al notar esto, me senté a esperarlos en una piedra grande ubicada a un costado del camino, luego escuché un ruido dentro del follaje, con mucha precaución me puse de pie, saqué mi rosario y me detuve a ver qué pasaba, en eso veo a una serpiente más o menos de 3 metros de largo, gruesa, de colores intensos que brillaban con la luz del sol, levantaba su cabeza y sacaba su lengua y miraba a su alrededor, éste reptil, estaba prácticamente frente a mí, me asusté mucho no podía gritar mucho menos correr, entonces con el rosario en mis manos, invoqué a Dios y a María Santísima, luego el animal se arrastró por la parte baja, sin causarme ningún daño. Luego llegaron mis hijos y emprendimos nuevamente la caminata conversando en voz alta. Al llegar le conté lo sucedido a mis familiares y ellos me dijeron que se trataba de una serpiente "Oyuri", que era muy peligrosa, que cuando percibe el olor de una persona salta y lo ataca y que para salvarnos tenemos que sacar una prenda de vestir, tirarlo, mientras corremos a pedir auxilio o a un lugar seguro

CAPÍTULO IV

JESUCRISTO PRESENTE EN LAS VIGILIAS DE ORACIÓN

Con respecto a la vigilia en el evangelio de Lucas encontramos el siguiente texto:

> Jesús dijo: "Dichosos aquellos siervos a quienes el Señor, al venir, halle velando; en verdad os digo que se ceñirá *para servir*, y los sentará *a la mesa,* y acercándose, les servirá" Lc, 12:37

En este episodio verás cómo Nuestro Señor Jesucristo, obra grandes milagros cuando permanecemos despiertos o en vigilia.

Al respecto de éste importante tema comparto con ustedes los siguientes testimonios:

Jesús pasa por mi puerta

En el año 1996 recién había comprado mi casita, que aún no estaba segura, además no conocía a los vecinos tenía mucho miedo por eso trataba de dormir en el día para que en la noche me mantuviera despierta a fin de cuidar a mis pequeños hijos y las pocas pertenencias que tenía.

Un día de esos por la madrugada me quedé dormida en el mueble de la sala que da a la calle; de pronto escuché un murmullo de mucha gente que pasaban por ahí, me puse de pie y corrí a la ventanita, coloqué mi oído, trataba de escuchar algo para saber de qué se trataba, al no encontrar resultado, entonces decidí abrir un poquito la puerta y vi una gran muchedumbre de fieles que pasaban sin decir palabra, con las manos juntas, así como estuvieran en procesión

No sabía el motivo de esta procesión, entonces cogí una silla y me paré sobre ella para divisar mejor. ¡Qué impresionante! era lo que veía, en medio de aquel gentío estaba ¡Jesús!, el amado Hijo de Dios, vestido con un traje crema, pelo castaño a la altura de sus hombros, un cordón sujetado a su cintura y sus delicados pies calzaban sandalias. Él se encontraba dentro de un círculo que le hacían sus apóstoles con sus fuertes brazos entrelazados, donde unos miraban hacia dentro y otros fuera, así escoltaban al Rey de Reyes, para que la gente no se abalance sobre Él. Ellos se encargaban de hacer entrar a los que Jesús seguramente les indicara.

No soporté más, miré por donde pasar y al no encontrar otra alternativa y debido a la multitud de gente que rodeaba al Señor Jesucristo, entonces corrí y pasé por debajo de las piernas de uno de sus apóstoles, una vez dentro ya no me podían sacar, estaba frente a Nuestro Señor Jesucristo, luego me postré a sus pies y le conté las circunstancias difíciles por las que estaba atravesando, Él inclinó su oído y me escuchaba con mucha paciencia, atención y ternura. Terminada la confesión estiró su mano y me ayudó a levantarme y como a todos los que llegaban a Él, les daba una palmada en su cara, entonces le ofrecí mi rostro para que me diera más fuerte porque lo merecía, pero Él no me dio esa palmada, sólo me sonrió y con su dedo pulgar acarició mi faz, invitándome a salir ante la mirada de todos los que se encontraban presentes y siguió su camino cuesta arriba, miré a la parte baja de la calle y observé mares de gente que le seguían, tratando de alcanzarle.

Al entrar a mi casa experimenté una tranquilidad enorme, henchida de alegría, no me cansaba de darle las gracias, por pasar por mi puerta y liberarme de todo lo que me atormentaba y me quitaba la paz.

El Señor Jesucristo, además de realizar en mi este milagro también me opera de la vista. Este es el testimonio que a continuación narro:

Jesús opera mi vista

En el año 2008, en la Institución Educativa "Cristo Rey" me toco atender a 30 estudiantes de primer grado, por la bulla que hacían y el afán de atenderlos a todos me quedé sorda, mi oído empezaba a fallarme, me dolía y parecía que un río estaba muy cerca de mí, no podía escuchar, si alguien me llamaba tenía que hacerlo por señas regresaba para escucharlo con el otro oído y así empeoraba cada día más y más. Muy preocupada por mi salud, decidí aprovechar el día sábado para ir en la madrugada al seguro social que así se llama el hospital que atienden a los asegurados aquí en Perú, entre ellos a nosotros los docentes; el médico que me atendió, inmediatamente me transfirió a la ciudad de Chiclayo ahí me curaron y sané gracias a Dios.

Meses después mi vista izquierda empezó a ponerse rojo, lloraba y me dolía, con un pañuelo blanco lo cubría mientras hacía clase con mis estudiantes, cada día mi ojo izquierdo empeoraba más. Recuerdo que ese día era viernes, procuré darles las actividades a los niños para que lo trabajen en sus domicilios con ayuda de sus padres y me apresuré a regresar a casa. Al llegar dejé mi maletín, fui hacia mi habitación lloré mucho, empecé a hacer oración, donde le pedía al amado Hijo de Dios para que me envíe a un buen médico y que me dieran transferencia inmediata al Seguro Social de Chiclayo, donde anteriormente me habían curado y sanado el oído.

Además, le prometí al Señor, no dormir aquella noche, más bien mantenerme en vela hasta la madrugada (3 a.m.) y así llegar temprano al mencionado establecimiento de salud para alcanzar lo que en oración le había pedido al Señor Jesucristo. En ese tiempo, solamente daban cinco citas para los pacientes que necesitaban ser transferidos y atendidos de enfermedades graves.

Transcurrían las horas, alisté con tranquilidad mis documentos, recé un santo rosario, alababa al Señor con canciones, leí algunos pasajes bíblicos trataba en todo momento, mantenerme despierta tratando en lo posible de vencer el sueño para conseguir lo deseado.

Miré el reloj, ya eran las 2:00 a.m. me asomé a la ventana que da a la calle para ver si venia un mototaxista vecino o un conductor conocido, para que me hiciera una carrera al establecimiento de salud, pero no había nadie, regrese con mucha preocupación, puse almohadas al respaldar de mi cama, trataba de tranquilizarme y como faltaba poco para la hora fijada, empecé a orar. En esos precisos momentos la chapa de la puerta de mi dormitorio giraba, como si alguien con llave intentaba abrirla por fuera, tuve mucho miedo, empecé a desesperarme pensando, que era un ratero, luego la puerta solita de abría despacito y vi entrar al Señor Jesucristo, me quedé perpleja, inmóvil, sin palabras, mi corazón palpitaba a todo dar. Él estaba vestido, tal como lo vi en la primera vez al pasar por mi puerta: con un traje largo de color crema, llevaba un cordón sujetado a su cintura, en sus pies calzaba unas sandalias, sus manos juntas hacia adelante en señal de oración y se dirigió directamente a mí, me cogió con sus benditas manos mi frente, me hizo recostar en la almohada para luego con su dedo índice de su mano derecha, pasarlo alrededor de mi vista afectada y con una palmadita en la parte posterior de mi cabeza sacó mi ojo colocándolo al costado izquierdo de la almohada. No sentía ningún dolor, sólo que no salía de mi asombro, por lo que mentalmente le decía: ¡Pero Señor! ¿Quién soy yo, para que el médico de médicos obre este milagro en mi persona? Con una alegría inmensa que brotaba de lo más profundo de mi corazón no cesaba de agradecerle, alabarle, bendecirle y glorificar su Santo Nombre. Le decía: ¡Pero Señor…, ¡quién soy yo, para que venga usted en persona a operarme! ¡Tal vez no lo merezco, por ser pecadora!, aunque Tú en tu palabra nos dices: No vengo por los sanos, sino por los enfermos y pecadores como yo, y hoy usted mismo, siendo el Hijo de Dios, el médico de médicos está aquí en mi humilde habitación operándome y librándome de este terrible mal que me impide ver.

La operación duro más o menos de 20 a 25 minutos, había un silencio total, sólo se escuchaba unos soniditos como si estuviera soldando algunas piezas muy delicadas, luego que terminó la intervención, cogió mi ojo, lo colocó en su lugar y con sus dedos de su mano, lo pasó por toda la vista operada de derecha a izquierda, luego se dio la vuelta y se marchó lentamente, dejando la puerta abierta.

Instantes después, reaccioné, corrí al espejo que estaba al frente y observé que mi ojo estaba completamente sano al igual que el otro, ¡Era verdad! mas no era un sueño. Esto nunca me había pasado, llena de alegría me apresuré a ir tras Él, bajé las escaleras con cuidado, pasé el pasadizo que da a la puerta de la calle del primer piso, esta se encontraba cerrada, regresé, lo busqué ansiosamente, pero no le encontré, entonces entré a mi dormitorio, poniéndome de rodillas y con lágrimas le agradecí al Hijo de Dios por esa sanación y ya no tuve necesidad de ir al médico porque El Hijo de Dios me había operado de la vista en vivo y en directo.

A continuación, les presento el discurso del Papa Francisco en la vigilia de oración con los jóvenes concentrados en Río de Janeiro en la XXVIII Jornada Mundial de la Juventud.

VIAJE APOSTÓLICO A RÍO DE JANEIRO CON OCASIÓN DE LA XXVIII JORNADA MUNDIAL DE LA JUVENTUD

VIGILIA DE ORACIÓN CON LOS JÓVENES

DISCURSO DEL SANTO PADRE FRANCISCO

Paseo marítimo de Copacabana, Río de Janeiro
sábado 27 de julio de 2013

Queridos jóvenes:

Al verlos a ustedes, presentes hoy aquí, me viene a la mente la historia de San Francisco de Asís. Ante el crucifijo oye la voz de Jesús, que le dice: «Ve, Francisco, y repara mi casa». Y el joven Francisco responde con prontitud y generosidad a esta llamada del Señor: repara mi casa. Pero, ¿qué casa? Poco a poco se da cuenta de que no se trataba de hacer de albañil para reparar un edificio de piedra, sino de dar su contribución a la vida de la Iglesia; se trataba de ponerse al servicio de la Iglesia, amándola y trabajando para que en ella se reflejara cada vez más el rostro de Cristo.

También hoy el Señor sigue necesitando a los jóvenes para su Iglesia. Queridos jóvenes, el Señor los necesita. También hoy llama a cada uno de ustedes a seguirlo en su Iglesia y a ser misioneros. Queridos jóvenes, el Señor hoy los llama. No al montón. A vos, a vos, a vos, a cada uno. Escuchen en el corazón qué les dice. Pienso que podemos aprender algo de lo que pasó en estos días: cómo tuvimos que cancelar por el mal tiempo la realización de esta vigilia en el *Campus Fidei*, en Guaratiba. ¿No estaría el Señor queriendo decirnos que el verdadero campo de la fe, el verdadero *Campus Fidei*, no es un lugar geográfico, ¿sino que somos nosotros? ¡Sí! Es verdad. Cada uno de nosotros, cada uno ustedes, yo, todos. Y ser discípulo misionero significa saber que somos el Campo de la Fe de Dios. Por eso, a partir de la imagen del Campo de la Fe, pensé en tres imágenes, tres, que nos pueden ayudar a entender mejor lo que significa ser un discípulo-misionero: la primera imagen, la primera, el campo como lugar donde se siembra; la segunda, el campo como lugar de entrenamiento; y la tercera, el campo como obra de construcción.

1. Primero, el campo como lugar donde se siembra. Todos conocemos la parábola de Jesús que habla de un sembrador que salió a sembrar en un campo; algunas simientes cayeron al borde del camino, entre piedras o en medio de espinas, y no llegaron a desarrollarse; pero otras cayeron en tierra buena y dieron mucho fruto (cf. *Mt* 13,1-9). Jesús mismo explicó el significado de la parábola: La simiente es la Palabra de Dios sembrada en nuestro corazón (cf. *Mt* 13,18-23). Hoy, todos los días, pero hoy de manera especial, Jesús siembra. Cuando aceptamos la Palabra de Dios, entonces somos el Campo de la Fe. Por favor, dejen que Cristo y su Palabra entren en su vida, dejen entrar la simiente de la Palabra de Dios, dejen que germine, dejen que crezca. Dios hace todo, pero ustedes déjenlo hacer, dejen que Él trabaje en ese crecimiento.

Jesús nos dice que las simientes que cayeron al borde del camino, o entre las piedras y en medio de espinas, no dieron fruto. Creo que con honestidad podemos hacernos la pregunta: ¿Qué clase de terreno somos, qué clase de terreno queremos ser? Quizás a veces somos como el camino: escuchamos al Señor, pero no cambia nada en nuestra vida, porque nos dejamos atontar por tantos reclamos superficiales que escuchamos. Yo les pregunto, pero no contesten ahora, cada uno conteste en su corazón: ¿Yo soy un joven, una joven, atontado? O somos como el terreno pedregoso: acogemos a Jesús con entusiasmo, pero somos inconstantes ante las dificultades, no tenemos el valor de ir a contracorriente. Cada uno contestamos en nuestro corazón: ¿Tengo valor o soy cobarde? O somos como el terreno espinoso: las cosas, las pasiones negativas sofocan en nosotros las palabras del Señor (cf. *Mt* 13,18-22). ¿Tengo en mi corazón la costumbre de jugar a dos puntas, y quedar bien con Dios y quedar bien con el diablo? ¿Querer recibir la semilla de Jesús y a la vez regar las espinas y los yuyos que nacen en mi corazón? Cada uno en silencio se contesta. Hoy, sin embargo, yo estoy seguro de que la simiente puede caer en buena tierra. Escuchamos estos testimonios, cómo la simiente cayó en buena tierra. No padre, yo no soy buena tierra, soy una calamidad, estoy lleno de piedras, de espinas, y de todo. Sí, puede que, por arriba, pero hace un pedacito, hace un cachito de buena tierra y deja que caiga allí, y vas a ver cómo germina. Yo sé que ustedes quieren ser buena tierra, cristianos en serio, no cristianos a medio tiempo, no cristianos «almidonados» con la nariz así [empinada] que parecen cristianos y en el fondo no hacen nada. No cristianos de fachada. Esos cristianos que son pura facha, sino cristianos auténticos. Sé que ustedes no quieren vivir en la ilusión de una libertad chirle que se deja arrastrar por la moda y las conveniencias del momento. Sé que ustedes apuntan a lo alto, a decisiones definitivas que den pleno sentido. ¿Es así, o me equivoco? ¿Es así? Bueno, si es así hagamos una cosa: todos en silencio, miremos al corazón y cada uno dígale a Jesús que quiere recibir la semilla. Dígale a Jesús: Mira Jesús las piedras que hay, mira las espinas, mira los yuyos, pero mira este cachito de tierra que te ofrezco, para que entre la semilla. En silencio dejamos entrar la semilla de Jesús. Acuérdense de este momento. Cada uno sabe el nombre de la semilla que entró. Déjenla crecer y Dios la va a cuidar.

2. *El campo, además de ser lugar de siembra, es lugar de entrenamiento*. Jesús nos pide que le sigamos toda la vida, nos pide que seamos sus discípulos, que «juguemos en su equipo». A la mayoría de ustedes les gusta el deporte. Aquí, en Brasil, como en otros países, el fútbol es pasión nacional. ¿Sí o no? Pues bien, ¿qué hace un jugador cuando se le llama para formar parte de un equipo? Tiene que entrenarse y entrenarse mucho. Así es nuestra vida de discípulos del Señor. San Pablo, escribiendo a los cristianos, nos dice: «Los atletas se privan de todo, y lo hacen para obtener una corona que se marchita;

nosotros, en cambio, por una corona incorruptible» (*1 Co* 9,25). Jesús nos ofrece algo más grande que la Copa del Mundo; ¡algo más grande que la Copa del Mundo! Jesús nos ofrece la posibilidad de una vida fecunda y feliz, y también un futuro con él que no tendrá fin, allá en la vida eterna. Es lo que nos ofrece Jesús. Pero nos pide que paguemos la entrada. Y la entrada es que nos entrenemos para «estar en forma», para afrontar sin miedo todas las situaciones de la vida, dando testimonio de nuestra fe. A través del diálogo con él, la oración – "Padre, ahora nos va hacer rezar a todos, ¿no?" –. Te pregunto, pero contestan en su corazón, ¡eh! No en voz alta, en silencio. ¿Yo rezo? Cada uno se contesta. ¿Yo hablo con Jesús? O le tengo miedo al silencio. ¿Dejo que el Espíritu Santo hable en mi corazón? ¿Yo le pregunto a Jesús: ¿Qué quieres que haga? ¿Qué quieres de mi vida? Esto es entrenarse. Pregúntenle a Jesús, hablen con Jesús. Y si cometen un error en la vida, si se pegan un resbalón, si hacen algo que está mal, no tengan miedo. Jesús, mira lo que hice, ¿qué tengo que hacer ahora? Pero siempre hablen con Jesús, en las buenas y en las malas. Cuando hacen una cosa buena y cuando hacen una cosa mala. ¡No le tengan miedo! Eso es la oración. Y con eso se van entrenando en el diálogo con Jesús en este discipulado misionero. Y también a través de los sacramentos, que hacen crecer en nosotros su presencia. A través del amor fraterno, del saber escuchar, comprender, perdonar, acoger, ayudar a los otros, a todos, sin excluir y sin marginar. Estos son los entrenamientos para seguir a Jesús: la oración, los sacramentos y la ayuda a los demás, el servicio a los demás. ¿Lo repetimos juntos todos? "Oración, sacramentos y ayuda a los demás" [todos lo repiten en voz alta]. No se oyó bien. Otra vez [ahora más fuerte].

3. Y tercero: *El campo como obra de construcción*. Acá estamos viendo cómo se ha construido esto aquí. Se empezaron a mover los muchachos, las chicas. Movieron y construyeron una iglesia. Cuando nuestro corazón es una tierra buena que recibe la Palabra de Dios, cuando «se suda la camiseta», tratando de vivir como cristianos, experimentamos algo grande: nunca estamos solos, formamos parte de una familia de hermanos que recorren el mismo camino: somos parte de la Iglesia. Estos muchachos, estas chicas no estaban solos, en conjunto hicieron un camino y construyeron la iglesia, en conjunto hicieron lo de San Francisco: construir, reparar la iglesia. Te pregunto: ¿Quieren construir la iglesia? [todos: "¡Sí!"] ¿Se animan? [todos: "¡Sí!"] ¿Y mañana se van a olvidar de este sí que dijeron? [todos: "¡No!"] ¡Así me

gusta! Somos parte de la iglesia, más aún, nos convertimos en constructores de la Iglesia y protagonistas de la historia. Chicos y chicas, por favor: no se metan en la cola de la historia. Sean protagonistas. Jueguen para adelante. Pateen adelante, construyan un mundo mejor. Un mundo de hermanos, un mundo de justicia, de amor, de paz, de fraternidad, de solidaridad.

Jueguen adelante siempre. San Pedro nos dice que somos piedras vivas que forman una casa espiritual (cf. *1 P* 2,5). Y miramos este palco, vemos que tiene forma de una iglesia construida con piedras vivas. En la Iglesia de Jesús, las piedras vivas somos nosotros, y Jesús nos pide que edifiquemos su Iglesia; cada uno de nosotros es una piedra viva, es un pedacito de la construcción, y si falta ese pedacito cuando viene la lluvia entra la gotera y se mete el agua dentro de la casa. Cada pedacito vivo tiene que cuidar la unidad y la seguridad de la Iglesia. Y no construir una pequeña capilla donde sólo cabe un grupito de personas. Jesús nos pide que su Iglesia sea tan grande que pueda alojar a toda la humanidad, que sea la casa de todos. Jesús me dice a mí, a vos, a cada uno: «Vayan, hagan discípulos a todas las naciones». Esta tarde, respondámosle: Sí, Señor, también yo quiero ser una piedra viva; juntos queremos construir la Iglesia de Jesús.

Quiero ir y ser constructor de la Iglesia de Cristo. ¿Se animan a repetirlo? Quiero ir y ser constructor de la Iglesia de Cristo. A ver ahora... [todos "¡Sí!"]. Después van a pensar lo que dijeron juntos...

Tu corazón, corazón joven, quiere construir un mundo mejor. Sigo las noticias del mundo y veo que tantos jóvenes, en muchas partes del mundo, han salido por las calles para expresar el deseo de una civilización más justa y fraterna. Los jóvenes en la calle. Son jóvenes que quieren ser protagonistas del cambio. Por favor, no dejen que otros sean los protagonistas del cambio. Ustedes son los que tienen el futuro. Ustedes... Por ustedes entra el futuro en el mundo. A ustedes les pido que también sean protagonistas de este cambio. Sigan superando la apatía y ofreciendo una respuesta cristiana a las inquietudes sociales y políticas que se van planteando en diversas partes del mundo. Les pido que sean constructores del futuro, que se metan en el trabajo por un mundo mejor.

Queridos jóvenes, por favor, no balconeen la vida, métanse en ella, Jesús no se quedó en el balcón, se metió; no balconeen la vida, métanse en ella como hizo Jesús. Sin embargo, queda una pregunta: ¿Por dónde empezamos? ¿A quién le pedimos que empiece esto?

¿Por dónde empezamos? Una vez, le preguntaron a la Madre Teresa qué era lo que había que cambiar en la Iglesia, para empezar: por qué pared de la Iglesia empezamos. ¿Por dónde – dijeron –, Madre, ¿hay de empezar? Por vos y por mí, contestó ella. ¡Tenía garra esta mujer! Sabía por dónde había que empezar. Yo también hoy le robo la palabra a la madre Teresa, y te digo: ¿Empezamos? ¿Por dónde? Por vos y por mí. Cada uno, en silencio otra vez, pregúntese si tengo que empezar por mí, por dónde empiezo. Cada uno abra su corazón para que Jesús les diga por dónde empiezo.

Queridos amigos, no se olviden: ustedes son el campo de la fe. Ustedes son los atletas de Cristo. Ustedes son los constructores de una Iglesia más hermosa y de un mundo mejor. Levantemos nuestros ojos hacia la Virgen. Ella nos ayuda a seguir a Jesús, nos da ejemplo con su «sí» a Dios: «Aquí está la esclava del Señor, que se cumpla en mí lo que has dicho» (*Lc* 1,38). Se lo digamos también nosotros a Dios, junto con María: Hágase en mí según tu palabra. Que así sea.

CAPÍTULO V

EL HIJO DE DIOS SALE A NUESTRO ENCUENTRO Y CAMINA CON NOSOTROS

> "Porque yo sé muy bien los planes que tengo para ustedes —afirma el Señor—, planes de bienestar y no de calamidad, a fin de darles un futuro y una esperanza". Jeremías 29:11

Aquí te darás cuenta del proyecto de Dios que tiene reservado para cada uno de nosotros, conocerás testimonios donde el Señor Jesucristo sale a nuestro encuentro, cuando realizamos las peregrinaciones (viaje efectuado por un creyente hacia un lugar de devoción), donde los peregrinos nos ponemos en camino, orando, cantando, hablando sobre las maravillas de Dios con el propósito de "renovar energías"; de cobrar nuevo vigor e impulso para llevar y hacer presente la gracia de Dios al volver a casa. Entusiasmando y alegrando a nuestra, familia, que no pudieron asistir. También te darás cuenta que el peregrinaje trata, ante todo, de motivarnos a extender el Reino de Dios: Es una nueva evangelización, nueva en su impulso, nueva en sus métodos, nueva en su ardor (San Juan Pablo II). A continuación, les contaré grandes milagros de sanación que hizo Jesús en mi persona al realizar viajes de peregrinación:

Jesús ¡Déjame verte!

Era el 17 de octubre del 2014, fecha de graduación para obtener el título de maestría en la Universidad "César Vallejo", por la mañana como de costumbre fui al colegio y al entrar vi que había unas cosas raras en el piso al lado del escritorio que por tres días consecutivos se iba presentando. Muy preocupada recurrí al director de la Institución Educativa quien de inmediato vino conmigo a constatar lo que le había mencionado; luego me dio permiso porque notó que me encontraba mal de salud.

Al llegar a casa preparé remedios caseros, descansé un momento, luego me alisté para la ocasión y a las 5 p.m. fui al local donde se llevaría a cabo la ceremonia de graduación, minutos más tarde empezó el acto ceremonial, seguido por la juramentación de cada graduado, así como la entrega del título de: "Maestría en Administración en la Educación", acudí ahí para la foto de recuerdo. Al bajar para llegar a mi asiento sentí muchas emociones al mismo tiempo y de la nada mis lágrimas brotaban sin parar, trataba en lo posible de contenerlas, disimulaba lo más que podía, pero no encontraba la forma de evitarlo, las compañeras que estaban a mi lado se dieron cuenta, me preguntaron ¿qué pasaba? les contesté que era por un dolor fuerte de cabeza, pero que seguramente ya pasará.

Al recibir nuestro plato nos sentamos a comer con los compañeros, haciendo chistes, recordando los momentos que pasamos durante la sustentación de tesis, los nervios que se notaban en cada uno de nosotros, luego nos pusimos a bailar.

Cuando ya eran como las 2 a.m. del día siguiente, llamé a mi hijo para que venga a recogerme y en compañía de él fuimos a casa, ya en mi dormitorio, prendí el televisor, me alisté para dormir y justo que me voy a acostar se me ocurre desenvolver y leer el contenido del título, nuevamente, lloré amargamente ahora sí que no podía contener el llanto. Cansada de tanto lloriquear, fui a lavarme la cara y al momento de pulsar el botón del apagado del televisor, vi que desde el fondo de la pantalla venía la imagen del Señor de los Milagros; sorprendida me preguntaba -¿Qué significaba esto? De todas maneras, apagué el artefacto. No podía conciliar el sueño ni dejar de sollozar, me dolía el pecho y mi corazón estaba como hinchado. Me senté y le rogué al Señor que por favor me ayudara con este dolor.

Al rato me quedé dormida y me desperté como eso de las 7 p.m. con mis ojos hinchados y dolor fuerte de corazón que me dificultaba respirar, me sentía morir, me senté en una silla y oré diciendo: ¡Señor Jesús a lo mejor mi hora ha llegado! y tengo que dejar este mundo. Lo admito, solamente te pido una cosa y cómo que si me dijera ¿Qué? Le supliqué diciendo: ¡Esta bien Señor! si quieres llevarme puedes hacerlo. Después de todo ¡Tú eres el dueño de mi vida!, solamente te pido ¡Déjame verte! y haz tu voluntad, si quieres llevarme aquí estoy, ¿Quién soy yo para oponerme a tus designios?

Muy apresurada fui al mercado a comprar para el desayuno y también alimento para mis aves de corral, compré rapidito y regresé. Ya no podía resistir más el dolor a la altura del tórax, sentí que mi corazón estaba muy enfermo, llamé a mi hijo y le pedí de favor que me acompañara a la ciudad de Lima, pero antes, que fuera a comprar pasajes, en cualquiera de las agencias que saliera lo antes posible, alisté lo necesario, aseguramos bien la casa y fuimos sin decirle nada a nadie, llegamos a la agencia y gracias a Dios rápido salió el bus de la empresa "Virgen del Chapi".

Traté de ponerme cómoda en el asiento, intentando dormir tal vez así se quitará ese dolor para respirar tranquilamente, pero no fue así, sentía más fuertes los dolores, en oración al Señor le pedía ayuda y más o menos a la altura de Olmos, levanté los ojos al cielo y vi un grupo de estrellas se jugaban entre sí, una de ellas se desprendió y venía con dirección a mí, lo contemplé minuciosamente y ¡era mi mamá!, ella había fallecido en el 2012, estaba bien jovencita, vestida y peinada como si fuera un ángel, rápido, estiré mis brazos para que me lleve, pero ella me dijo "tranquila hija" - ¡Vengo a felicitarte! ¿De qué mamá? Le contesté: -No he hecho nada bueno. Ella me dijo: - ¡Hija has aprobado el examen de los maestros! y ¿cómo lo sabes? Pregunté y ella me dijo: ¡Hijita, allá lo sabemos todo! Si pues, justamente hacía aproximadamente un mes que habíamos rendido una evaluación de escala magisterial. Luego miró a su mano, como si estuviese controlando el tiempo, se dio la vuelta y con una velocidad inmensa, se fue a colocarse en el mismo lugar.

Al continuar el viaje y cuando estaríamos ya por medio camino me quedé dormida y vi que desde el cielo bajó un tubo ancho y estando yo dentro empezó a elevarse, mientras se iba, me pusieron un vestido con encajes muy hermoso de color blanco, me peinaron como si fuera una princesa y con una velocidad de años luz me dejaron en el cielo, luego observé que el tubo bajaba nuevamente a la tierra a llevar a otra persona.

Con una alegría inmensa me paseaba en el cielo, era un silencio total, no me dolía nada, tenía una edad aproximada de 16 a 17 años, mi cuerpo no tenía peso, contemplaba la belleza de aquel lugar, nunca antes vista, ni imaginada; veía un jardín de rosas cuyos colores se mostraban en degradé, empezando por rosas blancas, luego rosaditas, rosado más fuerte y terminaban en fuxia, estaban lozanas como si recién lo hubiesen regado.

Al rato escuché unas voces que decía: - "¡Es la hermana Clariza!", traté de indagar de dónde procedían esas voces y noté que debajo de unas escaleras se encontraba más o menos 5 a 6 personas que salieron corriendo a recibirme con sus brazos abiertos, entre ellas se encontraban la hermana Amanda Elisa García Risco y la hermana Florisa Guadalupe Campojoo, mujeres orantes, temerosas de Dios, pertenecen hasta la actualidad a mi grupo de oración llamado Presídium "Virgen Medalla Milagrosa" de la agrupación apostólica denominada "Legión de María", de éstas personas se escuchaba el eco de sus voces que decían: - ¡Hermanaaa…! corrí hacia ellas con mis brazos extendidos, y al momento de encontrarnos, desperté, el dolor era más intenso. Me preocupé más ya no sabía qué hacer, me encomendé al Señor nuevamente diciéndole: Señor, ¡Déjame verte! a lo mejor ya llegó la hora de partir, Me regresé al otro lado y le pedí a mi hijo que averiguara en qué lugar nos encontramos, si ya falta poco para llegar y los pasajeros a los que les preguntó mi hijo , le dijeron de aquí a cuatro horas más o menos llegamos a Plaza Norte, (Lima), entonces era momento de avisar a mis hermanas, por lo que le sugerí que llamara a sus tías y les diga que venimos de emergencia, porque me encontraba muy mal de salud.

En mi desesperación aconsejé a mi hijo, quién en todo momento estaba pendiente de mi salud, diciéndole: -Si en caso me pasara algo, no avises a nadie, porque corremos el riesgo que nos bajaran por ahí. Más bien, cubriera mi cuerpo con la toalla, hasta llegar al lugar de destino y ya tus tías sabrán que hacer le decía entre lágrimas.

El bus avanzaba, mi corazón se agitaba y ya no podía respirar me sentía muy débil, me aferraba al Señor de todo corazón, tenía muchas ansias de verlo, hasta que me quedé dormida nuevamente, en sueños notaba que llegué a un lugar muy bonito ahí había un carrusel con mucha gente que esperaba su turno. Solo admitía que subiera una persona, le daba una vuelta, luego ponía su cabeza en una abertura de una gran roca y se iba, no me preocupé porque faltaban muchos, pero al darme la vuelta ya no había nadie. Sólo faltaba yo. Subí al carrusel, me dio una vuelta y puse mi cabeza en el lugar indicado, pero antes de hacerlo, supliqué a mi buen Dios, por mi hijo que me acompañaba, le decía: que él era todavía un adolescente y si es que me llevaría hoy, que por favor lo ayudara en sus estudios y que lo acompañara a lo largo de su vida, luego coloqué mi cabeza en ese lugar y desde adentro me dieron un empujón y me votaron de ese lugar. Al despertar me puse a llorar y le decía a Jesús:

- ¡Mira Señor!, vino mi mamá y no me llevó, me tuviste en el cielo y me regresaste, en el carrusel y en la abertura del cerro y me hiciste volver. ¿Por qué, Señor? O ya te olvidaste de mí o porque motivo no quieres recibirme.

Cómo a las 12 del día siguiente llegamos a nuestro destino, por la ventana vi a mis hermanas muy preocupadas que me esperaban para llevarme a un hospital, donde haya la especialidad de cardiología. Al bajar les dije que no quería ir a un hospital en ese caso en Jaén me hubiese ido, a que me trate un médico, sino lo que quiero es ir a la procesión del "Señor de los Milagros" porque en la noche anterior había visto su imagen acercarse a mí en la pantalla de la televisión. Acto seguido nos fuimos a casa de mi hermana Soledad, dejamos nuestro equipaje, almorzaron ellos, y yo sólo quería ver al Hijo de Dios. De inmediato salimos y fuimos al encuentro del Señor de los Milagros, que justamente ese día estaba en procesión. Preguntamos a un policía, para tener referencias del lugar donde se encontraba por aquellas horas, él nos dijo: - "Más o menos en este momento "El Cristo Morado", está por el Congreso de la República, sin perder tiempo, tomamos un taxi y nos dejó cerca. Caminamos apresuradamente, mi hermana trataba de convencerme a que no avance más, me decía: "Hermana, por aquí va a pasar Nuestro Señor Jesucristo", esperémoslo aquí, mira la multitud que viene junto a Él. -¡Me abracé en un poste de luz que allí se encontraba y efectivamente, traían al Señor en procesión y tenía que pasar por la calle en la que nos encontramos y por delante de nosotros, me alisté con mis oraciones, levanté la cabeza para divisarlo, pero Él no se dejaba ver, porque a la altura de su cabeza, había una luz radiante como el sol que cubría su rostro, al suceder esto me preocupé aún más, estaba impaciente, me hacía muchas preguntas como: ¿Por qué el Señor me oculta ver su faz?, ¿Será que por la multitud de la gente que pide ayuda?, ¿Por qué Dios mío no te dignas escuchar mi súplica? … Nuevamente levanté la cabeza tratando divisar al Señor Crucificado, pero sólo se veía la multitud de gente y aquella luz intensa seguía ahí, el cual me impedía contemplarlo.

El Señor se acercaba y faltando más o menos una cuadra para que pase por mi delante. Sentí que mi lengua se pegó al paladar y mi quijada a mi pecho, no podía levantar la cabeza, ya no pude hablar, recé mentalmente y en oración dije suspirando: ¡Mi hora de morir ha llegado, así ha de ser la muerte!, de pronto escuché un ruido así como de una chaleadora, que quitaba a toda la gente de mi alrededor, se formó un círculo, estando yo en el centro y en ese preciso momento apareció una luz intensa, la misma que pasaba por mi cuerpo, empezando a la altura de mi cabeza, de izquierda a derecha, bajaba y seguía iluminando todo mi ser, deteniéndose un poquito a la altura de mi corazón, donde el dolor ya no se podía soportar, siguió iluminando el resto de mi cuerpo, al terminar, esa luz me levantó y pasó por debajo de mis pies. Luego sentí un alivio total, se soltó mi lengua, levanté mi cabeza sin dificultad y desde ese instante quedé completamente sana.

Miré al Señor y casi había avanzado como una cuadra más, movida por sentimientos de alegría, agradecimiento, admiración, entre otros. Empecé a gritar muy fuerte diciendo: - ¡De razón te dicen!: ¡El Señor de los Milagros!

en esos precisos instantes, los policías extendían una soga gruesa y de gran tamaño, alzando fuerte la voz uno de ellos dijo: ¡Cójanse en la soga!, de un salto, me cogí en un nudo y caminé detrás del anda del Señor de los Milagros, en una apretura inmensa de personas que año a año acuden a la procesión.

Entonces vi al Señor Jesucristo parado a mi costado derecho, traté de arrodillarme ante sus pies, pero Él no lo permitió. Así que caminé y cuando llegaba a la estación, a la voz de tres, bajaban las andas del Señor crucificado para cambiar de cuadrilla (grupo de personas que cargan las andas que llevan al Señor de los Milagros en procesión), así como las velas, los ramos de flores, justo en ese lugar, Jesús desaparecía de mi lado, miraba alrededor, pero no había y cuando lo levantaban para proseguir con la procesión, el Hijo de Dios estaba a mi lado derecho, nuevamente, Él inclinaba su oído hacia mí, escuchando todo lo que le decía, caminamos juntos aproximadamente unas 30 a 40 cuadras, en cada estación donde bajaban las andas, el Señor Jesucristo desaparecía de mi lado y cuando levantaban para continuar con la peregrinación estaba junto a mí. Durante ese caminar en compañía de Jesucristo, mi hijo me decía: ¡Mamá tengo hambre! De inmediato transmitía el mensaje al Hijo de

Dios diciéndole: ¡Señor!, mi hijo tiene hambre, luego se quedaba calladito, ya no decía nada, otra vez se acercó a mi diciéndome al oído ¡Estoy cansado! le decía: ¡Señor! Mi hijo está cansado, al rato al muchacho se le quitaba y ya no volvía a mencionar nada.

Más o menos a las 7 p.m. una de mis hermanas que me acompañaban me dijo: -Hermanita me despido, ya me voy, mañana tengo que levantarme temprano, para llevar a mi hijo al colegio. Le respondí moviendo la cabeza en señal de decirle está bien hermanita, muchas gracias por estar aquí acompañando al Señor en su recorrido. Más allá por lo menos a la 1 a.m, mi otra hermana se acercó a mí y me dijo: ¡Hermanita vamos ya!, estamos muy lejos de la casa y por ahí es peligroso, decía así, porque ella ni siquiera se imaginaba que yo estaba caminando junto al Señor Jesucristo.

Comuniqué a Jesús el sentir de mi hermana. No cesaba de agradecerle por la sanación, por su compañía y sobre todo por escucharme personalmente, luego lo miré y Jesucristo ya no estaba junto a mí, desapareció sin que me diera cuenta. Entonces le dije a mi hermana vamos y salimos de la procesión caminamos, para conseguir taxi y al fondo había un joven con camisa blanca, manga larga que nos esperaba dentro de su taxi, listo para llevarnos a casa de mi hermana Soledad a un precio demasiado bajo.

Con una alegría inmensa que brotaba desde el fondo de mi corazón, le conté a mi hermana Soledad cómo me encontré con el Señor Jesucristo y la forma cómo me sanó durante su procesión y ella me comentó que ellos trataban en lo posible de no hablarme porque estaba demasiado concentrada en la procesión.

Al día siguiente mi hijo me dijo: - ¡Cómo no gastamos nada en tu curación! ¡vamos a comprar mi ropa!, le contesté: - lo que quieras hijito y si es que no nos alcanza el efectivo, usaríamos la tarjeta para comprar lo que tú quieras y así fue, se compró sus bermudas, zapatillas, polos y los puso en una bolsa roja con cierre. Al llegar a casa de mi hermana Marilú, sonó el teléfono, un familiar llamaba muy preocupado, para comunicarle que estábamos desaparecidos y que si ella sabía de nuestro paradero, le decía aquí en Jaén lo hemos buscado en su domicilio, en su centro de trabajo, en el colegio de su hijo; También hemos preguntado a los vecinos, hemos pedido permiso a uno de sus colindantes para colocar una escalera que da al segundo piso de su casa, hemos tratado de oler, por si se haya muerto porque ya hace como tres días de su desaparición. Además, hemos llamado a sus colegas, amistades y a sus familiares de su tierra natal y nadie da razón. Nos hemos enterado que hasta el momento no se reporta para pedir permiso en su Institución Educativa y el sub director le está reemplazando.

Al enterarme de todo esto, emprendimos el viaje de regreso a Jaén, más o menos a media hora de recorrido en la empresa de transportes, vi aparecer y desaparecer la imagen del Señor de los Milagros en la parte delantera del ómnibus, me pregunté ¿A qué se debe esta aparición?, horas más tarde, por los arenales hubo un asalto, donde saqueaban las bodegas del vehículo, sacaban las maletas, los bultos y todo lo que ahí había, en dos carros que se habían ubicado uno a cada lado. Los pasajeros al darse cuenta del peligro que corrían nuestras vidas, lloraban, gritaban desesperados y mi hijito que había dejado su equipaje en la bodega, al escuchar los lamentos, gritos desesperados de los pasajeros, se despertó, al darse cuenta del hurto, empezó a tocar la puerta para que lo dejen observar si es que sus cosas estaban ahí o no.

Posteriormente el conductor nos llevó a una comisaría para hacer la denuncia del caso y mientras que eso pasaba mi hijo corrió a ver sus pertenencias y encontrándolo, sube y me dice ¡Mami ahí está el bolsito! no lo robaron, de inmediato lo trasladó al lugar dónde nos encontrábamos.

Al llegar a Jaén y antes de abrir la puerta vinieron los vecinos, amigos y amistades preocupados, porque no sabían a dónde nos habíamos ido, les expliqué la razón inesperada de mi viaje a Lima. Al día siguiente era viernes, fui al colegio, minutos después de la entrada general, entré a mi aula y los niños corrieron llorando y decían ¡Ya llegó mi profesora! Y me abrazaban haciéndome una serie de preguntas. Agradecí al profesor que les estaba atendiendo, luego se marchó a cumplir con sus responsabilidades asignadas.

A la hora de la salida, los padres llegaban a recoger a sus hijos, al verme, se apresuraban a saludarme y me decían:
-Si no llegaba hasta este día ponían su denuncia de desaparición ante las autoridades, además me buscarían hasta dar con mi paradero.

Finalmente les expliqué el motivo de mi ausencia, aunque los niños ya les habían comentado que del salón salí muy enferma el último viernes.

He aquí otro de los milagros que Nuestro Señor Jesucristo hizo en favor de mi persona:

Operación del pulmón derecho.

En el 2012, fallece mi mamá, a pocos días me detentan un tumor en mi pulmón derecho, inicié los trámites para una urgente operación porque según los médicos, estaba muy desarrollado, a eso se debía la constante fiebre, malestar y dolor de espalda.

En el mes de agosto me operaron en el seguro social "Almanzor Aguinaga Asenjo" de la ciudad de Chiclayo, aquella tarde cuando ya me encontraba internada, llegó una señorita y me llevó a conocer la sala de operaciones y los diferentes equipos quirúrgicos con la finalidad de que al despertar después de la cirugía esté consciente del momento que estoy atravesando. Además, me comentó que hay muchos pacientes que al despertar se desesperan tanto que se sacan las vías, intentan levantarse y sin darse cuenta caen al piso, causándose ellos mismos mucho daño.

Más tarde como a las 6 p.m. se acercó el médico que estaba a cargo de mi caso, diciéndome que no había un cirujano especialista, para que me opere, estaba preocupado porque en unos días los médicos entraban en huelga y se tenía que postergar.

Le pedí a mi hijo que me dejara sola, quería desahogar un poco mi tristeza. El bajó a la sala de recepción a mirar televisión. Cerré la puerta, y me puse a orar, hasta que me quedé dormida; en eso observé que la cama del hospital estaba en medio de la sala y del fondo venían unas hermosas mujeres, muy elegantes, con unos vestidos y joyas preciosas, difícil de describir, unas avanzaban por mi lado derecho y otras por el izquierdo, las reconocí quienes eran cuando llegaban a mi lado. La que vestía de color celeste era la virgen de Fátima o la Medalla Milagrosa; la que lucía un traje marrón con crema, era la virgen del Carmen; la doncella que vestía verde era la virgen de Guadalupe; la princesa que lucía un traje rosado era la virgen de las Mercedes, al finalizar la fila de la derecha pasaba una bella mujer vestida de blanco, le quedé mirando y luego le reconocí, era la virgen de la Inmaculada Concepción. Todas ellas pasaban sonriendo, dándome ánimo. Al fondo vi venir a una señora también muy elegante y hermosa, por cierto, no daba con ella, buscaba en mis recuerdos para saber de quién se trata y no lo podía reconocer, al acercarse más a mí, me puso su mano en mi frente y al instante ya sabía que era mi mamá y en ese preciso momento desperté. Abrí la puerta y me senté sobre la cama a esperar la voluntad de Dios.

Sería como las 9.p.m, vino un personaje joven, le saludé amablemente, me hizo varias preguntas al final me dijo: Mañana a las 7 a. m. te espero en la sala de operaciones, era un médico cirujano, especialista en neumología, le agradecí mucho. Cerré la puerta y poniéndome de rodillas agradecí a Dios por la oportunidad, me alegré que de una vez por todas, sacaran ese tumor que no me dejaba vivir tranquila, comuniqué a mi hijo y le pedí que fuera a casa de mi hermana Yolanda a dar la noticia y a pedirle de favor que al día siguiente antes de las 7 a.m. esté presente para encargarle algunas pertenencias.

Al amanecer me levanté bien temprano, empecé a alistarme y a orar, vino la enfermera me proporcionó una bata, luego de ponerme, subí a la camilla y me llevaron a la sala de operaciones, ahí se encontraba ya el anestesista, luego ingresó el médico, quién me hizo varias preguntas, mientras me anestesiaban, luego me pidió que cuente hasta treinta, en vez de contar recé el Salmo 23 y ya no recuerdo más.

Desperté como a las 5 p.m., justamente me encontraba en aquella sala donde me mostró la señorita. Quise mover mis manos, pero estaban sujetadas a la cama, de igual manera mis pies, no podía hacer ningún movimiento, me faltaba el aire para respirar y en un arranque de desesperación levanté mi pie derecho con todas las fuerzas que me acompañaban en esos difíciles momentos. La enfermera tenía varios pacientes a su cargo y para ello había colocado unas cajitas vacías al filo de la cama de cada uno de los pacientes para que al menor movimiento que hicieran al despertar, cayera el objeto haciendo ruido, al suceder esto corrió y me quitó algo que me impedía respirar.

Horas después me condujeron a otra sala. Ahí estaban otros pacientes y a eso de la media noche, escuché que gritaban y corrían diciendo: ¡Se nos va!, ¡Se nos va!, ¡la paciente!, miré a mis costados para ver de quién se trataba, sin imaginar que era mi persona. De inmediato me llevaron a UCI, ahí amanecí, era un lugar donde había bastante silencio y cada vez que despertaba ahí estaba la señorita que me mostró la sala de operaciones. Así transcurrió el tiempo en este establecimiento de salud, luego me pasaron nuevamente a sala y ahí me iba recuperando día a día hasta que me dieron de alta.

Ya en casa de mi hermana Yolanda, le pedí a mi hijo que vaya a la agencia y compre doble pasaje para viajar a Jaén. Donde fui recuperando lentamente mi salud. Al mes siguiente tenía que ir por los resultados de la biopsia y gracias a Dios no tenía cáncer, le agradecí primeramente a Dios por concederme un milagro más. También a los médicos, enfermeras en especial a la que me cuidó en UCI, pregunté por ella, pero nadie me dio razón a pesar que les describí cómo era ella. También agradecí a mi familia por estar pendiente de mí apoyándome en todo.

A los 6 años, empezaba a sentir nuevamente los mismos síntomas, estaba calladita, no le decía nada a nadie hasta que sucedió el siguiente milagro:

Jesucristo sana mi pulmón, enviándome su bendición con el Papa Francisco.

En el año 2018, voy a misa y me informo que el Papa Francisco llegaba a nuestro país, el vicario de Cristo, durante su permanencia en el Perú, visitaría las ciudades de Lima, Puerto Maldonado y Trujillo. Me emocioné tanto y me dije a mí misma: - ¡Esto no me la pierdo por nada del mundo!, empecé a prepararme con oraciones en las que le pedía a Nuestro Señor Jesucristo, que con el

Papa me envíe su bendición. Además, hacía vigilias, peregrinaciones, ayunos, iba a misa siempre y comulgaba frecuentemente y todos los días en oración repetía la siguiente plegaria: ¡Señor, mándame tu bendición con el Papa Francisco!

Llegó el día esperado, era jueves 17 de enero, después de la celebración de la Hora Santa que se lleva a cabo hasta la actualidad en la catedral de Jaén, viajamos junto a un grupo de hermanos y hermanas católicos, acompañados por los sacerdotes de nuestra parroquia a la ciudad de Trujillo a recibir al representante de Cristo y participar de la santa misa que el mismo lo presidiría. Al quedarme dormida durante el viaje sueño que ya había retornado de la ciudad de Trujillo y al abrir la puerta de la casa, me di con la sorpresa de qué los inquilinos se habían ido sin avisarme, dejando restos de papel, madera entre otros objetos inservibles, antes de molestarme por éstos incidentes me senté en una de las esquinas de la sala, tratando de descansar un poco para reponerme del viaje para luego ponerme a limpiar a pesar de que era ya muy tarde como las 3 a.m. En ese momento se apersonó una señora a la puerta de mi casa, que felizmente las rejas estaban cerradas. Ella empezó a insultarme lo que más quería, yo solamente lo escuchaba y en mi interior decía:

- Si esta señora supiera de dónde vengo, tal vez no sé atrevería a decirme esas cosas. Luego se fue votando chispas de odio, en esos instantes, mi hijo me despertaba diciéndome: ¡mamá, ya llegamos a la ciudad de Trujillo!

Muy contentos todos, nos bajamos del ómnibus, fuimos a un colegio, donde nos hospedamos, luego nos alistamos para ir a visitar la catedral de esa ciudad, allí se llevaba a cabo una gran fiesta católica con la presencia de muchos fieles, quienes habían llevado las imágenes de sus patronos o patronas de sus localidades con la finalidad de que el Papa Francisco les de la bendición. Notamos también que los creyentes formaban diversas colas, algunas personas iban a venerar a la Santísima Cruz de Motupe; mientas que otros devotos formaban la cola para ir a la imagen de la Virgen de la Asunción de Cutervo; de igual manera otros fieles iban al Señor de los Milagros que lo habían llevado desde Bagua y así cada creyente iba donde la imagen de su santo preferido.

Al observar toda la catedral, me di cuenta que al fondo estaba la imagen del Señor Jesús solito, fui y empecé a orar allí, tranquilamente porque no había cola, al salir me encontré en la puerta con mi hijo, en ese momento vimos que los devotos, acompañados por una banda de músicos llevaban a la Santísima Cruz de Motupe, en procesión a la explanada, que quedaba cerca al mar, lugar dónde el Santo Padre celebraría la misa al día siguiente, ya nos queríamos ir junto con ellos, pero como no habíamos avisado a nadie optamos por ir junto a nuestra caravana; Mientras tanto buscaba urgente una iglesia donde participar de la Eucaristía para no romper la cadena que hasta entonces seguía fielmente como señal de preparación para recibir al Señor a través de la comunión consagrada en ese día.

Justamente conseguí hacer realidad mi deseo junto a los padres de los acólitos (niños y niñas que apoyan al sacerdote a custodiar la santa hostia cuando éste entrega la comunión a los fieles) me dejaron felizmente entrar y pude participar de esa gran fiesta junto al Señor. Por la noche los sacerdotes nos pidieron que tratemos de descansar temprano para luego levantarnos a las 2 a.m. y emprender una caminata hacia el lugar antes citado.

Al quedarme dormida, nuevamente sueño que en la sala de mi casa había un ave negra grande que no dejaba ver su cabeza, tampoco coger, pero tomé ánimo corrí y con mucha precaución, atrapé al animal, el cual era muy pesado, por su plumaje parecía ser: cóndor, pato gallinazo o tal vez un avestruz, de inmediato lo voté a la calle, luego cerré la puerta con fuerza y precisamente en ese momento mi hijo me despierta y me dice: ¡Mamá levántate, para alistarte!, ya es hora de irnos a la Explanada, salimos y por el trayecto en grupos íbamos rezando nuestro rosario acompañado de cantos, himnos de alabanzas a nuestro a querido Dios.

Al llegar notamos gran cantidad de gente que esperaba al Papa, no había espacio, estábamos en un lugar donde no podíamos ver de frente al sumo pontífice, por esta razón me sentí muy triste, porque había pedido al Señor Jesucristo que me envíe su bendición con su representante aquí en la tierra y pensaba que no era posible por esta situación, no sabía qué hacer, observé luego que habían instalado pantallas gigantes y de allí teníamos que ver y participar de la santa misa, así como de todas las actividades programadas para ese gran acontecimiento.

El Papa hizo su arribo minutos antes de las 9 a.m. y antes de trasladarse al lugar dónde celebraría la Santa Eucaristía hicieron un ensayo para ver las condiciones de seguridad, advirtiendo que se deje libre los pasadizos para que haga su recorrido la guardia de seguridad del Santo cPadre.

En la parte alta habían instalado una especie de puente colgante, ahí se encontraban los periodistas del Perú y del mundo, listos para cubrir la información a nivel nacional y mundial, me guie de esa señal, para saber el momento exacto del pase del Papa cerca de dónde me encontraba, al ver que iluminaban las luces del fash de las cámaras fotográficas, levanté mis manos y en esos instantes cuando el Santo Padre pasaba en dirección donde yo me encontraba, vi y sentí que un rayo de luz, se desprendió desde el cielo pasando por medio de mi cuerpo, la tierra tembló, miraba exhausta a todo lado, no podía articular palabra, estaba inmóvil, no sabía qué decir. Pasado esta señal, pregunté a las personas que estaban a mi lado diciendo: ¿Qué sintieron, cuando el Papa Francisco hizo su recorrido por aquí?, señalando los pasadizos… Ellos me decían: ¡nada! entonces entendí que el Señor Jesucristo atendía una vez más a una de mis peticiones al enviarme su bendición a través de un rayo de luz, en la visita que hiciera su representante aquí en la tierra. Ante este acontecimiento me sentí invadida de alegría y el dolor de mi pulmón había desaparecido sin que me dé cuenta.

Posteriormente empezó la santa eucaristía con mucha devoción participé, comulgué y di gracias a Dios por todo lo concedido y que a pesar de que me encontraba en un lugar lejano a la presencia física del Vicario, pude participar de los actos celebratorios a través de una pantalla, lo cual no fue impedimento para que Dios me conceda su bendición.

Después de recibir la bendición del Pontífice empecé a repartir rosarios a las personas que estaban a mi lado y les pedía de favor que oren por mí y por toda mi familia.

Horas más tarde, regresamos en caravana a Jaén, muy contentos por tantos beneficios otorgados por Nuestro Señor, allá en la ciudad de Trujillo.

A los cinco días después, tenía cita en el Seguro Social de Chiclayo, nuevamente emprendí el viaje en compañía de mi hija, al llegar, esperé mi turno, luego me llamaron y procedió el médico a examinarme mediante una radiografía y me dijo que me fuera tranquila, que mi pulmón estaba completamente sano. Al salir comuniqué a mi hija la noticia, nos alegramos bastante, dimos infinitas gracias a Dios por enviar con el Papa Francisco su sagrada bendición.

Jesús sana mi garganta

Al año siguiente, noté que algo raro estaba situado en mi garganta, se notaba algo abultado, me daba carrasperas cada vez que me excedía en el habla, a veces cuando acudía a mis citas médicas, el doctor que me atendía me preguntaba si es que tenía alguna otra dolencia para que me transfiera al especialista, yo calladita no le decía nada porque tenía temor a ser operada nuevamente.
Llegó el mes de octubre del año 2019, viaje a la Ciudad de Lima a participar de la procesión del "Señor de los Milagros", como siempre lo hago año tras año, desde el 2014. Llegué, dejé mis cosas en la agencia, ahí me encontré con mi hermana Soledad, quien me esperaba para ir a acompañar a Jesucristo en su recorrido por las calles de la ciudad de Lima, preguntamos a los que venían vestidos de morado: ¿Por qué avenida más o menos se encontraba el Señor en procesión?, nos dieron información y de inmediato, nos constituimos al lugar y empezamos a caminar junto a la multitud de fieles que lo seguían al Señor Jesucristo en peregrinación.

Cuando habíamos avanzado ya varias cuadras, nos informaron que van a llevar al Señor a un hospital que está cerca, mientras que muchas personas se sentaban a esperar. Sucede que mi hermana se había adelantado unos metros y debido a la gran cantidad de gente era imposible alcanzarlo, en esas circunstancias sentí que las fuerzas me abandonaban, mi presión bajó, estaba pálida y sudaba frío, ya no podía caminar, hice un gran esfuerzo, levanté la cabeza y gracias a Dios llegué a las justas a divisar donde ella estaba. Al llegar Soledad me miró y me dijo: ¡Estás mal, hermana!, tengo que llamar a la ambulancia que te de los primeros auxilios, solamente le decía con mi mano que espere, que ya pasará, estaba como una hora sentada, tratando de respirar. Ya me estaba pasando un poquito. Entonces mi hermana me dice vamos a la casa para que descanses, le respondí: -No, le sugerí mejor vamos, por aquí seguramente que encontramos un hotel cerca para hospedarnos y descansar unas horas.

Caminamos varias cuadras y buscamos a un taxista para pedirle que nos lleve a un hotel lo más cerca posible, éste nos dijo: -Por estas fiestas todos los hoteles están ocupados, porque mucha gente viene de distintos lugares del Perú y del extranjero a acompañar al Señor en su recorrido, pero que él conocía una zona, donde había bastantes hoteles y que si no encontrábamos en una calle buscaríamos en otra.

Subimos al taxi, al llegar a ese lugar, el chofer dijo: ¡aquí es!, le pagamos y se fue, mi hermana andaba buscando de hotel en hotel una habitación, no había, todos los cuartos estaban ocupados así que seguimos buscando y felizmente conseguimos una habitación, ubicada en el cuarto piso, no tenía baño propio sino un baño común. No tuvimos otra opción, lo alquilamos ese. Al llegar me acosté, tenía mucho frío y ganas de vomitar. Mientras que mi hermana me flotaba las manos, los pies, la cabeza con alcohol, al ver que no me pasaba, se fue a buscar una farmacia para hacer la consulta, exponiendo los síntomas y comprar los medicamentos necesarios. Ella que se fue; me senté y le hice oración al Señor Jesucristo diciéndole: ¡Mira Padre Mío!, yo no he venido a dar afán a nadie, sólo quería acompañarte en tu procesión y ahora estoy aquí sin cumplir lo prometido, por lo que te pido: ¡déjame seguirte Señor!

Fui al baño y tras tanto esfuerzo por vomitar, logré eliminar una cosa rara, lo miré y era como un cordel trenzado de color rojo de 10 centímetros de longitud aproximadamente, que se movía en el inodoro, lo observé y luego bajé la palanca, me lavé los dientes y me fui nuevamente a descansar. Estaba bastante mejor mi hermana me dio los medicamentos qué había comprado y traté de descansar lo más que pude. Posteriormente hablé con ella y le sugerí que dejáramos las cosas ahí en el hospedaje y fuéramos nuevamente a la procesión, me escuchó y dijo: si estás en condiciones vamos pues, caminamos hasta encontrar un taxi y le pedimos que nos deje cerca de la muchedumbre que caminaba en peregrinación, nos unimos al grupo y le acompañamos al Señor crucificado hasta que llegó a una iglesia y ahí lo hicieron pasar en medio de himnos de alabanza, eran las hermanas "Carmelitas Descalzas" que recibían al "Señor de los Milagros", al cerrar las puertas, nos informaron que al siguiente día a las 6 a.m. era la misa para luego proceder nuevamente con la procesión.

Entonces fuimos a comer, cogimos taxi y regresamos a descansar unas horas, pidiéndole al joven que atendía ahí, que nos despertara a las 5 a.m. para ganar sitio y participar de la santa eucaristía.
Al día siguiente nos alistamos rápidamente, fuimos a la misa, acompañamos en la procesión hasta el mediodía, luego nos fuimos a almorzar y retorné nuevamente a Jaén.

Al siguiente día muy temprano, viajé a la comunidad de "Santa María", para seguir trabajando junto a mis alumnos. Al llegar me duché y me alisté para ir al colegio y al momento de peinarme frente al espejo noté que en mi garganta ya no estaba aquel tumor, el bulto que estaba en mi garganta había desaparecido junto con las carrasperas.

Aquí les presento algunos lugares a dónde los creyentes acuden en peregrinación, buscando la misericordia de Nuestro Señor Jesucristo:

En mi país y en el mundo hay muchos lugares santos, en los que ocurrieron grandes revelaciones y/o milagros y se han convertido en símbolos para acercarse y tocar el corazón de Dios. A continuación, presento siete grandes lugares de peregrinación por si quieras visitar:

1.- Iglesia de las Nazarenas Lima (Perú).
2.- Iglesia y Santuario de Santa Rosa de Lima (Perú)
3.- El Santo Sepulcro de Jesucristo en Jerusalén (Israel)
4.- Catedral de Santiago de Compostela (España)
5.- Ciudad del Vaticano en el corazón de Roma (Italia)
6.- El santuario de Nuestra Señora de Lourdes (Francia)
7.- La basílica de Santa María de Guadalupe (México)

CAPÍTULO VI

¿QUÉ DEBEMOS HACER PARA GANARNOS EL AMOR DE DIOS?

> Bienaventurados los misericordiosos, porque ellos serán tratados con misericordia (Mt, 5:7)

Estas son las obras de misericordia que Jesús nos invita a practicar: Dar comida al hambriento, dar de beber al sediento, albergue al que no tiene, ropa al necesitado, visitar a los enfermos y a los que están en la cárcel, enterrar a los difuntos y enseñar al que no sabe. Por tanto, la caridad es ese amor puro que tiene nuestro Salvador Jesucristo. Él nos ha mandado: Que nos amemos los unos a los otros como Él nos ama y de ello nos dio ejemplo.

La caridad es un sentimiento que procede de un corazón puro 1 Timoteo 1:5. Tenemos amor puro cuando, desde lo más profundo de nuestro ser, demostramos interés y compasión por nuestros hermanos y hermanas que están atravesando serias dificultades. Al respecto narraré los siguientes testimonios:

Cuando llegué de Lima, después de caminar junto al Hijo de Dios, en la procesión del "Señor de los Milagros" donde Jesucristo me curó con su luz, me sentí muy motivada a intensificar mis oraciones y a realizar obras de caridad a fin de agradecer a Dios, por este gran milagro de sanación y como los días miércoles de cada semana, se lleva a cabo las reuniones de nuestro presídium, la presidenta de nuestro grupo legionario llamado: "Virgen Medalla Milagrosa" pedía voluntarios para realizar visitas carcelarias. Aproveché la oportunidad y me apunté para formar parte de este apostolado, para ello tenía que dar mis datos personales para que gestionen mi carnet de identificación y así unirme a los hermanos y hermanas que realizaban esta importante labor.

El primer y tercer domingo de cada mes, minutos antes de las 9 a.m. las hermanas y hermanos integrantes de este grupo, al igual que el sacerdote Juan Manuel nos reuníamos en el frontis del penal San Rafael, donde personal encargado nos hacía pasar, luego de una exhaustiva revisión y verificación de nuestros documentos de identidad nos hacían pasar al centro penitenciario.

Cabe mencionar que no era la primera vez que ingresaba a un penal, de mi familia había aprendido a visitar diversos centros de reclusión o cárcel pública como lo llamaban mis queridos padres. Siempre acompañaba a mi mamá o a mis hermanas a los penales, siendo el primero en la ciudad de Cutervo, fui con mi madre a visitar a un familiar, luego en Jaén, acudí también en compañía de ella a visitar a un vecino que estaba preso en ese lugar. En Lima fui junto a mis hermanas al penal "Castro Castro" para visitar a un familiar de una de mis hermanas.

Los días martes de todas las semanas (antes de la pandemia) a las 4 p.m. nos constituíamos al penal los hermanos integrantes del apostolado carcelario para visitar y desarrollar la agenda preparada con anterioridad por todos nosotros, el cual consistía en: Pasar lista a todos los internos que voluntariamente aceptaban formar parte de este grupo de oración, luego se daba la bienvenida a los nuevos socios, a continuación, se leía el texto bíblico, seguida del rezo del santo rosario. Además, se daba charlas de preparación para recibir el bautismo, la primera comunión, la confirmación (en caso de que ellos no tenían éstos sacramentos, entre otras actividades, de las cuales se tenía que informar a los miembros integrantes del comitium "María Inmaculada" en los informes anuales que se hacen cada año a las dependencias superiores de la Legión de María.

Cuánta alegría nos causaba a todos los integrantes de nuestro grupo cuando los internos se sumaban a nuestro apostolado, se colaboraba para medicamentos o cualquier otra necesidad de los hermanos encarcelados y en fechas especiales como: navidad, día de la madre o día del padre, entre otras fiestas importantes del año se llevaba chocolatada o un refrigerio para compartir con ellos, a veces antes de la misa o las reuniones legionarias se acercaban para contarnos sus penas, sus esperanzas de salir en libertad, los sueños que tenían; mientras que otros se aferraban a un milagro para salir de ahí. Siempre nos recomendaban aconsejar a nuestros hijos y como la mayor parte de los miembros del apostolado carcelario somos docentes nos pedían compartir temas de formación con nuestros estudiantes.

A continuación, narro un milagro que sucedió con uno de los internos.

¡Hoy se cumplen los tres mil rosarios!

Era un día de visita a la cárcel, como de costumbre, trataba en lo posible de entrar al centro penitenciario lo más pronto posible y así aprovechar el tiempo y conversar al menos con uno de ellos. Entonces se me acercó un señor, ya mayor de edad y me contó el motivo de su permanencia en ese lugar y me suplicaba que hiciera oración por él.

Traté de recomendarle que imite a nuestro Señor Jesucristo, de levantarse temprano y se ponga en oración, medite los misterios del Santo Rosario, o el Rosario de la Divina Misericordia, entre otras oraciones y mientras iba orando entregué todos sus sufrimientos, tristezas, penas a Dios Todopoderoso.

Los domingos que iba a la celebración de la Santa Eucaristía se sentaba a mi lado y me comentaba el empeño que ponía para acercarse al Señor, me decía que había ampliado más sus horas de oración, dedicando más tiempo a las lecturas bíblicas y las alabanzas al Todopoderoso y que hacía hasta dos, tres o cuatro rosarios diarios.

Y así pasaban los días, las semanas, los meses y los años. Cuando ya había pasado como tres años y medio salió a mi encuentro esta persona, estaba muy triste, con lágrimas en sus ojos, me dijo: El señor Jesús se ha olvidado de éste su siervo que le clama día y noche y justamente hoy se cumple los tres mil rosarios que vengo haciendo con mucha fe, pidiéndole al Señor por mi libertad.

No encontraba forma de consolarle para que no pierda su fe, opté por mantenerme en silencio, luego fuimos a la reunión y después de tratar los primeros puntos de la agenda, empezó la lectura de la biblia y este señor del que les estoy mencionando, dijo: - ¡Yo lo leo hermanos!

Todos de pie escuchamos atentamente lo que Dios nos decía a través de su Palabra. Luego nos sentamos a meditar y a dar nuestra opinión de cómo lo entendemos el mensaje bíblico, de pronto se acercó un policía del IMPE y mencionó su nombre y mirándole a los ojos le dijo: ¡Estás libre! en ese momento nos quedamos atónitos mirándonos unos a otros. El mencionado señor, me miró y con su mirada me decía tiene razón hermana de que no debemos desconfiar de la Palabra del Señor, porque Él escucha nuestras oraciones. Con su cara radiante de alegría se puso de pie y por encima de las bancas se fue a arreglar sus cosas y cuándo terminó la reunión me acerqué para decirle que lo esperaba en la puerta de la salida a la calle, para ayudarle en algo que necesite y él me respondió: - “No me espere hermanita aquí hay bastantes trámites que realizar todavía, va a perder su tiempo mejor deme la dirección de su casa y su número telefónico”. Le anoté en un papel y le entregué.

Fui a casa a preparar algo para ofrecerle y como esos días estábamos justo para celebrar la Navidad le preparé algo relacionado con esta gran fiesta, salí a la puerta y al ver que no llegaba, salí rumbo al penal, pero al caminar unos pasos vi que venía en una mototaxi, miraba aquí y allá, tratando de dar con la dirección, al verme se acercó, le invité lo que había preparado, luego me dijo que le guiara para que compre su pasaje, llamé a la agencia de transportes y gracias a Dios faltaba sólo un pasajero para salir, de inmediato se puso en camino, y se fue agradeciéndome infinitamente.

Señora muy humilde pide apoyo para alimentarse

Aquí les narro lo que pasa cuando practicamos las obras de misericordia o caridad:

Era un día sábado, recuerdo que estaba lloviendo, hacía frío y todos en casa, ya habíamos desayunado. Como de costumbre estaba haciendo los quehaceres del hogar y mis hijos estaban en la sala ayudando con la limpieza. En ese momento tocan la puerta, sale mi hija y era una señora muy humilde que llevaba a su hijito cargado en sus espaldas y con una alforjita en uno de sus brazos, ella venía pidiendo algo para comer, entonces mis hijos van corriendo a la cocina y me dicen ¿Qué le damos mamá? De inmediato cogimos pan en una bolsita y le alcanzaron, ella les recibió, agradeció mucho y se fue, en esos instantes me doy cuenta de que había más pan, entonces les dije a mis hijos: ¡alcáncelo rapidito! y salieron corriendo tratando de dar con ella, pero misteriosamente desapareció.

Aprovecho para contarles lo que mi abuelita me contó cuando era una niña y le acompañaba a ordeñar las vacas.

Un día una señora estaba preparando bastante comida para sus peones, se le acercó un viejito con su bastón y le dijo: ¡Buenos días hija! por favor te pido dame de comer, mira que tengo mucha hambre. La señora lo miró y llena de ira le dijo: ¡Sale de aquí! ¡está comida es para mis peones!, más no para usted.

El ancianito no le dijo nada, se volteó y siguió su camino y después de tanto caminar, encontró a otra señora que estaba dando de comer a sus gallinas. Este le saludó y le dijo: - ¡Hija por favor, dame algo de comer que tengo mucha hambre, llevo varios días sin probar alimento!, ella contestó diciéndole: - ¡Espéreme un ratito, que ahorita pelo una gallinita, lo preparo rapidito y compartimos la comida!

Luego le invitó a sentarse a la mesa y le sirvió la mejor presa, y mientras comía le hacía conversación.

Al terminar de comer el anciano le agradeció mucho y antes de despedirse le dijo: Mañana por la mañana tendrás una sorpresa, pero para eso debes recoger todas las plumas de la gallina que lo has preparado y lo esparces por todos los espacios de tu corral y se marchó.

A la mañana siguiente la señora se levanta tempranito y al llamar a sus gallinas para darle de comer, no podía creer la cantidad de aves que habían aumentado, entonces comprendió que ese viejito no era cualquier persona sino era el mismo Dios que le había visitado para conocer su corazón y darle su bendición.

Mientras que la señora que le negó la comida, luego que fue a destapar la olla para llevarlo a sus peones, sólo encontró una inmensa serpiente que daba vueltas por aquel recipiente.

Jesús nos da a conocer que la caridad y la misericordia que practicamos con el prójimo y más que todo con los más necesitados: hambrientos, encarcelados, enfermos, ancianos abandonados, huérfanos, viudas, entre otros, lo hacemos a Él.

Al respecto en Mt 25: 34 – 40, Dios nos dice: "Vengan benditos de mi Padre, y reciban en herencia el reino que les fue preparado desde el comienzo del mundo, porque tuve hambre, y ustedes me dieron de comer; tuve sed, y me dieron de beber, era forastero y me alojaron; estaba desnudo, y me vistieron; enfermo y me visitaron; preso y me vinieron a ver" Los justos le responderán "Señor, ¿Cuándo te vimos hambriento, y te dimos de comer; sediento, ¿y te dimos de beber? ¿Cuándo te vimos

forastero, y te alojamos; desnudo, ¿y te vestimos? ¿Cuándo te vimos enfermo o preso? Fuimos a verte.
Y el Rey les responderá: "Les aseguro que cada vez que lo hicieron con el más pequeño de mis hermanos, lo hicieron conmigo".

Finalmente mencionaré que las actitudes que más agradan a Dios son: la fe, la humildad, la gratitud, la oración, el perdón, la práctica de las obras de caridad porque Él nos ama con un amor indescriptible, imposible de entender.

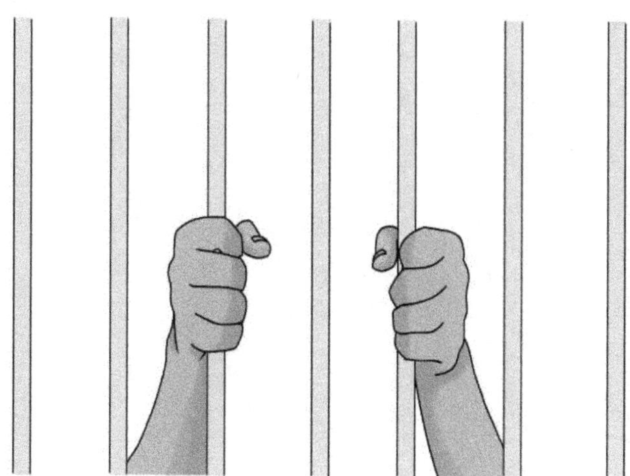

www.ingramcontent.com/pod-product-compliance
Lightning Source LLC
LaVergne TN
LVHW050557160826
845677LV00011B/2350

* 9 7 9 8 4 1 6 5 3 6 0 1 5 *